경전과 함께 보는 붓다의 발자취

이상규 지음

불광출판부

with sutras,
FOOTSTEPS OF BUDDHA

by

Sang-kyu Rhi, LL. D.
Attorney at Law

2006.
Bulkwang
Seoul, Korea

녹야원의 초전법륜 장소에 세워진 '물간다 쿠티' 사원에 모신 설법상(아랫부분의 합장한
다섯 비구와 법륜이 인상적이다)

오른쪽부터 사리불 존자, 마하가섭 존자, 아난 존자, 목련 존자가 부처님 앞에 시립(侍立)한 탱화(탱화가 박경귀 그림)

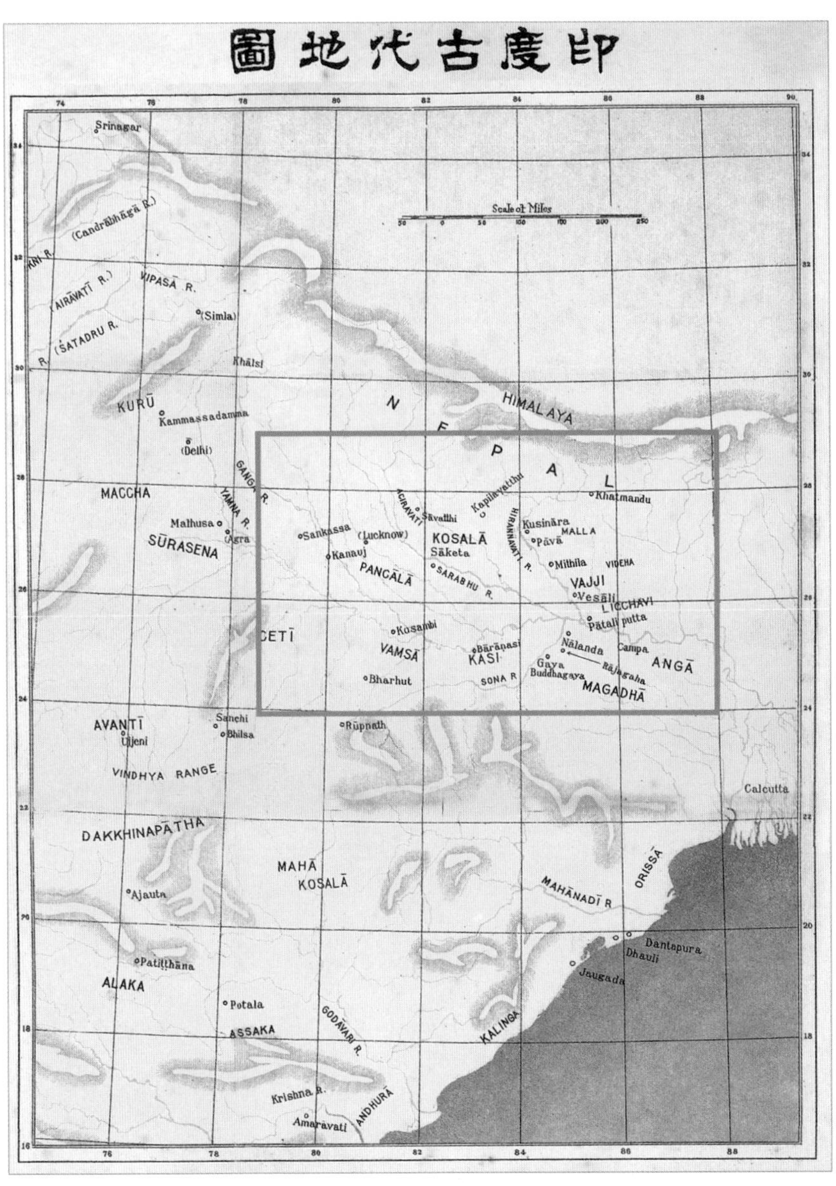

부처님의 활동지역을 보이는 인도 고대지도

"모든 족성의 자제들에게는 항상 네 가지 생각이 있다. 어떤 것을 넷이라 하는가? 하나는 부처님의 나신 곳을 생각하고 기뻐하여 보고자하며 기억하여 잊지 않고 사모하는 마음을 내는 것이다. 둘은 부처님께서 처음으로 도를 얻은 곳을 생각하고 기뻐하여 보고자하며 기억하여 잊지 않고 아쉬워하고 사모하는 마음을 내는 것이다. 셋은 부처님께서 법 바퀴를 굴리신 곳을 생각하고 기뻐하여 보고자하며 기억하여 잊지 않고 아쉬워하고 사모하는 마음을 내는 것이다. 넷은 부처님께서 반열반하신 곳을 생각하고 기뻐하여 보고자하며 기억하여 잊지 않고 아쉬워하고 사모하는 생각을 내는 것이다."

부처님께서 반열반에 드시기 직전에 아난다 존자의 물음에 답하여 남기신 말씀으로, 장아함 가운데 유행경의 일부이다. 구태여 부처님의 말씀을 들 것도 없이, 불자라면 누구나 일생에 한 번쯤은 부처님의 발자취를 더듬으면서 부처님의 가르침을 되새겨 보려는 생각을 가져봄 직하다. 성지를 '순례'한다는 것은 그 자체만으로도 의미가 있는 일이지만, 성지에 담긴 깊은 뜻을 음미하고, 그 성지와 연관되는 부처님의 가르침, 곧 경(經)을 되새기며, 당시 그 곳에서의 부처님을 연상해 보는 것은 매우 값진 일이 아닐 수 없다.

나는 몇 년 전에 한 성지순례 때의 감회를 잊을 수 없어, 더 늙기 전에 다시 한번 부처님의 발자취를 더듬어 보려는 생각을 하다가, 이번에 그 뜻을 이루는 기쁨을 가졌다. 특히, 이번의 순례 길에는 사르나트(Sarnath)에서 뜻하지 않게 달라이 라마를 다시 뵈올 수 있었다거나, 보드가야 대보리정사의 입구 오른쪽 벽에 있는 타라데비(Tara Devi)상의 눈에서 물이 흘러나오는 기적 같은 일을 보는 등 연기(緣起)의 진리를 실감케 하는 일들을 경험한 것은 참으로 감회 깊은 일이라 아니할 수 없다.

인도에서의 성지순례는 수월한 일만은 아니다. 경비도 만만치 않지만, 그보다도 아직은 척박한 인도의 교통사정이나 현지의 여러 사회상에서 오는 장애가 적지 않다. 내가 이 책을 펴내려는 생각을 하게 된 것은 먼저 여러 사정으로 성지순례의 뜻을 이루지 못한 분들에게 조금이라도 생생하게 부처님의 발자취를 그려 보이고, 다음으로는 성지순례의 길에 오르는 분이나 이미 순례의 기쁨을 가진 분들에게 부처님의 발자취를 되새길 수 있는 자료를 제공하기 위한 것이다. 특히, 부처님께서 직접 설하신 초기 경, 곧 아함경을 곁들여 그 경전과 성지의 뜻을 부각시키려는 시도를 해 보았다. 결국, 필자가 체험한 성지순례의 기쁨을 회향하려는 데 뜻이 있음을 밝혀 둔다. 아무쪼록, 이 책이 부처님의 성스러운 뜻과 깊은 진리의 가르침을 훼손함이 없이 널리 펴는 데 조금이라도 이바지하는 바가 있다면 그에 더한 기쁨이 없겠다.

끝으로 별로 건강하지도 않은 몸으로 하루 평균 7, 8시간 동안씩 차를 타면서 성지순례의 도반이 되어준 내자(內子)에게 고맙게 생각하면서, 정성껏 이번의 여정을 꾸며준 한인여행사의 C. D. Singh 사장에게 사의를 표하고, 이 책을 내기 위해서 애쓰신 불광출판사 여러분에게 감사한다.

2006년 4월

학산(鶴山) 합장

●● 일러두기

1. 독자의 이해를 돕기 위해서 여행경로와 관계없이 부처님의 생애, 곧 탄생, 고행, 성도, 초전
   법륜과 중생교화 및 반열반의 차례로 썼다.

2. 인용한 경전의 국역부분 중, 숫타니파타는 법정 스님 번역본(이레 출판), 불소행찬은 일본
   平川 彰 편저 『佛陀の生涯-佛所行讚』(춘추사 출판), 아함경전은 필자의 『전해 오는 부처의
   가르침』(해조음 출판)에 의했다.

3. 아함경전 앞의 숫자 표시는 다음에 의했다.
   잡아함과 중아함의 경우: 1(권수): 1(경수)
   장아함의 경우: 1(분수)-1(권수): 1(경수)
   증일아함의 경우: 1(권수): 1(품수)

4. 지명은 가급적 옛 지명을 쓰되, 현재의 지명을 곁들였다.

5. 사진은 모두 필자가 순례 중에 직접 찍은 것을 활용하되, 독자의 이해를 돕기 위해서 되도
   록 많은 사진을 실었다.

목차_

붓다의 성도

초전법륜과 45년간의 중생교화

붓다의 마지막 여정

인도의 불교

세계적인 불교 유적

● 후기

서설(序說)

성지순례는 오늘의 일을 그대로 보는 것이 아니라 2600년
전 밟으신 부처님의 발자취를 더듬는 것이기에 초기경전인
'아함경'과 부처님의 탄생에서 반열반에 이르기까지의 일
대기를 시 형식으로 저술한 '불소행찬'을 머리에 두고 살펴
보았다.

1. 성지순례의 의의

불자나 불교에 관심이 있는 사람이라면 누구나 한번쯤은 생각하는 것이 성지순례(聖地巡禮)일 것이다. 부처님께서는 이 세상에 태어나시어 카필라바스투에서 왕자로서의 생활로 유년기(幼年期)와 청년기의 초반(初半)을 보내신 다음, 사랑하는 가족과 모든 부귀영화(富貴榮華)를 뒤로 한 채 출가하여 사람의 상상을 초월하는 6년간의 모진 고행(苦行) 끝에 보리수 아래에서 정각(正覺)을 이루셨다.

사르나트의 녹야원에서의 초전법륜(初轉法輪)을 시작으로 반열반(般涅槃)에 드시기까지 45년간 한결같이 중생교화(衆生敎化)와 제도(濟度)에 힘쓰신 발자취를 한 번이라도 더듬어 보는 것은 그것만으로도 의미가 큰 것이지만, 특히 부처님의 가르침을 깊이 이해하는 데 더 없이 큰 도움이 되는 일이기 때문이다.

나는 전에도 인도를 방문하면서 성지순례를 한 경험이 있지만,

이번에는 전의 경험도 있고 해서, 좀더 차분히 생각하며 성지를 돌아보는 여유를 가질 수 있어서 좋았다. 특히, 성지를 순례하면서 그곳과 관련있는 초기경전(初期經典)의 전거(典據)를 새기면서 순례하였기에 더욱 의미가 있었다. 부처님께서 재세(在世) 당시에 직접 설하신 초기경전(初期經典)인 아함경을 순례지와 연관지어 생각하는 것은 그 불경과 순례지에 대한 보다 깊은 이해를 도울 수 있기 때문이다.

2. 사대성지(四大聖地)

불교의 성지는 넓게 보면 부처님께서 남기신 일생의 발자취라고 할 수 있다. 그 가운데에서도 부처님의 일생을 통해 특별한 일이 있었던 곳, 즉 부처님께서 탄생(誕生)하신 곳, 성장(成長)하신 곳, 고행(苦行)하신 곳, 성도(成道)하신 곳, 처음 설법(說法)하신 곳, 특히 오랫동안 머무시면서 설법하시거나 안거(安居)하신 곳, 반열반(般涅槃)하신 곳 등을 총칭하여 성지라고 할 수 있다.

그런데, 불교 성지 중에 핵심적인 곳을 가리켜 흔히 사대성지(四大聖地) 또는 팔대성지(八大聖地)라고 부르는 일이 많은데, 이에 관해서 짚어보지 않을 수 없다. 부처님께서 탄생하신 룸비니, 성도(成道)하신 부다가야의 보리수 밑 금강보좌, 초전법륜(初轉法輪)하신 녹야원과 반열반(般涅槃)에 드신 쿠시나가르의 네 곳을 사대성지(四大聖地)라고 부르는 데에는 의문의 여지가 없다. 아울러 비교적 오랫동안 머무신 기원정사(祇園精舍)와 죽림정사(竹林精舍) 터, 마하 가섭 존자와 염화시중(拈華示衆)의 일화를 남긴 영취산과 마지막 설법지인 바이샬리 또는 외도와 제자들에게 기적을 보이신 상카시아의 네 곳을 더하여 팔대성지(八大聖地)라고도 한다. 쿠시나가르의 사라쌍수 아래에서 반열반에 드시기 직전에 부처님께서 아난 존자(阿難尊者)와 곁에 있던 비구들에게 남기신 말씀은 다음과 같다.

"…그 때 아난다는 오른 어깨를 드러내고 오른 무릎을 땅에 붙이고 부처님께 여쭈었다.

'세존이시여! 현재 사방에 있는 사문으로서 나이 많고 지혜도 많아 경과 율을 밝게 알고, 덕이 맑고 행이 높은 자들이 와서 세존을 뵈오려 하므로 저는 친히 나가 만나고 예경하고 또 안부를 물었습니다. 부처님께서 멸도하신 뒤에는 다시 오지 않을 것이므로 우러러볼 데가 없을 것입니다. 어찌하면 좋겠습니까?'

부처님께서는 아난다에게 말씀하셨다.

'너는 걱정하지 말라. 모든 족성의 자제들에게는 항상 네 가지 생각이 있다. 어떤 것을 넷이라고 하는가? 하나는 부처님의 나신 곳을 생각하고 기뻐하여 보고자하며, 기억하고 잊지 않고 아쉬워하고 사모하는 마음을 내는 것이다. 둘은 부처님께서 처음으로 도를 얻은 곳을 생각하고 기뻐하여 보고자하며, 기억하여 잊지 않고 아쉬워하고 사모하는 마음을 내는 것이다. 셋은 부처님께서 법 바퀴를 굴리신 곳을 생각하고 기뻐하여 보고자하며, 기억하여 잊지 않고 아쉬워하고 사모하는 마음을 내는 것이다. 넷은 부처님께서 반열반하신 곳을 생각하고 기뻐하여 보고자하며, 기억하여 잊지 않고 아쉬워하고 사모하는 생각을 내는 것이다. 아난다여! 내가 반열반에 든 뒤에 모든 족성의 남녀들은 부처님의 나신 때의 공덕은 어떠하고, 부처님께서 도를 얻은 때의 신력은 어떠하며, 부처님께서 법 바퀴를 돌리신 때에 사람을 제도하신 것은 어떠하고, 멸도에 다다른 때에 남긴 법은 어떠하다는 것을 생각하여, 각각 그 곳으로 나가 돌아다니면서 모든 탑사를 예경하면 그들은 죽어 모두 하늘에 태어날 것이다. 도를 얻은 자는 제외한다.' …."

〔장아함 1-4: 4 遊行經 제2 중에서〕

이는 곧 사대성지(四大聖地)를 말씀하신 것이고, 부처님께서 직접 언급하신 성지는 바로 룸비니, 붓다가야, 사르나트의 녹야원과 쿠시나가르 네 곳임을 알 수 있다. 물론, 앞에서도 설명한 바와 같이 부처님께서 발자취를 남기신 모든 곳이 성지라고 할 수 있지만, 위의 네 곳이 그 핵심이 되는 곳이라고 하겠다.

부처님 당시의 인도는 16개의 군주국가와 9개의 공화제국가로 나뉘어 있었고, 부처님의 종족인 샤캬(釋迦) 족이 지배하던 카필라바스투(Kapilavastu: 迦毘羅衛)는 오늘날 인도·네팔 국경 가까운 곳에 있던 공화제(共和制)의 조그마한 부족국가였던 것으로 알려져 있다. 29세에 출가하실 때까지 카필라바스투에서 슛도다나왕(淨飯王)의 아들로서 무엇 하나 불편함이 없는 생활을 보냈다. 당시 싯달타 왕자(Siddhattha)는 출가 후 주로 우루벨라에서 가까운 흑림산(黑林山: 大畏山 또는 苦行林이라고도 함)에서 6년간에 걸친 인간의 상상을 초월하는 피눈물 나는 고행을 하시고 나이란자나(Nairanjana: 尼連禪河) 강 건너 나지막한 언덕 위의 보리수 밑에서 선좌(禪坐)하시어 드디어 정각(正覺)을 이루신 것은 잘 알려진 일이다.

정각을 이루신 부처님께서는 반열반에 드시기까지의 45년 동안 오로지 중생교화(衆生敎化)와 제도(濟度)의 한 길을 걸으셨는 바, 부처님의 주된 교화활동의 무대는 각각 히말라야 산맥에서 발원(發源)한 히란나바티 강(Hirannavati R.), 사라부 강(Sarabhu R.), 강가 강(Ganga R.), 야무나 강(Yamuna R.) 그리고 소나 강(Sona R.)의 유역이었다, 특히 그들 강이 합쳐지는 인도 동북부에서 주로 교화하셨고, 그것은 곧 사위성(舍衛城: Savatthi)과 왕사성(王舍城: Rajgir)을 비롯하여 사르나트, 가야, 코삼비, 사케타, 파바, 미틸라, 베살리, 캄파와 쿠시나가르 등이 유행(遊行)의 중심이 되었음을 알 수 있다. 농경사회였던 당시만 하더라도 큰 강 유역의 평야지가 사람들이 모여 사는 중심지였기 때문에, 강가(간지스) 강을 중심으로 큰 강들이 흐르는 비옥하고 광활한 평야가 전개된 마가다국, 밧지국 및 코살라국 등 오늘날 인도의 동북부가 부처님의 주된 교화 장소였음은 쉽게 짐작할 만한 일이다.[1]

___
1) 앞의 고인도지도(古印度地圖) 참조

3. 성지순례에서의 마음가짐

성지순례를 함에 있어서 마음에 새겨둘 일이 몇 가지 있다.

우선 순례지(巡禮地)에 관해서 오늘의 모습이 아니라 부처님 재세 당시, 즉 약 2,600년 전의 모습을 연상해 볼 일이다. 부처님께서 강조하신 제행무상(諸行無常)을 들 것도 없고, 십년이면 강산이 변한다는 말을 구태여 하지 않더라도 시간이 흐름으로써 산하(山河)가 변하고, 사회의 모습이나 사람의 생각이 달라진다는 것은 엄연한 사실이다.

어차피, 부처님 탄생지를 기리기 위해서 룸비니동산에 세워진 구조물들이라든가, 부처님께서 성도하신 부다가야에 세워진 대보리정사(Maha Boddhi Maha Vihara), 초전법륜의 녹야원에 세워진 다메크 탑(Dhamek Stupa)은 부처님께서 반열반하신 뒤에 부처님을 기리기 위해서 만들어진 것이다.

심지어 부다가야의 대보리정사 뒤에 의연하게 서 있는 보리수조차 그 때의 것이 아니라 부처님이 그 아래에서 정각을 이루신 보리수의 6, 7대 손(孫)에 해당하는 나무가 자라 오늘날 울창한 고목이 된 것이니, 그 겉모습만 보고 다닌다면 여느 관광여행과 다를 것이 없다. 현재의 구조물이나 벽돌로 쌓여진 유적을 보고 멀리 2,600년 전으로 거슬러 올라 당시의 부처님을 마음속으로나마 그려보고 그 가르침을 되새기는 데에 성지순례로서의 의의가 있다고 하겠다.

성지순례를 하다보면 인도의 도로나 교통사정이라든가 성지 주변의 무질서 등에 눈살을 찌푸리게 되는 경우가 적지 않다. 그러나 그것은 경제적으로 낙후된 곳을 가면 어디서나 흔히 볼 수 있는 오늘의 상황이지, 2,600년 전의 모습은 아니다. 가능하면, 순례 길을 떠나기 전에 관계되는 책이나 경험 있는 사람의 설명을 통해서 미리 기초적인 지식을 얻어두는 것이 좋다.

둘째로 그 곳에서 무슨 일이 어떻게 있었는지를 생각하면서, 가능하면 관련된 초기경전의 구절을 상기(想起)하는 것도 큰 도움이 된다. 그런 의미에서 이 책에서는 필요한 부분마다 부처님께서 직접 말씀하신 아함경(阿含經)의 관련 부분을 발췌하여 수록하고자 한다.

셋째로 붓다의 발자취를 따라가다 보면 마치 붉은 벽돌의 구조물을 찾아다니는 것 같은 착각을 일으킬 정도로 벽돌로 쌓아올린 유적이 많다. 그 때문에, 순례자 가운데 의아하게 생각하는 사람도 없지 않다. 붉은 벽돌의 유적이 많은 것은 인도 동북부에는 중서부의 데칸(Deccan) 고원지대와는 달리 건축에 쓸 만한 석재가 귀하기 때문에, 옛날부터 주로 거대한 강가 강 주변의 흙과 물을 이용하여 붉은 벽돌을 구워 건축에 써 왔던 것이다.

그래서 지금도 여행을 하다보면 수많은 벽돌공장이 눈에 띄고, 구워낸 벽돌이 산적한 것을 볼 수 있다. 심지어, 벽돌공장 주변에서 애써 구워낸 벽돌을 일부러 잘게 부숴 놓은 것을 볼 수 있는데, 그것은 도로공사에 돌 대신 쓰기 위한 것이다. 이러한 특수사정을 이해할 필요가 있다. 한편 비교적 새로운 벽돌은 붉은 색을 띠는 데 비해, 발굴된 벽돌은 거의 검은 색에 가깝다.

넷째로 성지순례에 임하는 자세이다. 성지순례는 부처님의 발자취를 돌아봄으로써 당시의 상황을 연상하면서 부처님의 가르침을 되새기는 계기가 됨은 다시 말할 나위가 없다. 그러므로 성지순례에 있어서는 경건하고 깨끗한 마음가짐을 유지하도록 노력하고, 일행들과 큰 소리로 담소함으로써 주위의 심기를 건드리는 일이 없도록 하여야 할 것이다.

더욱이, 인도에서의 성지순례를 함에 있어서는 우선 느긋한 마음으로 임해야지, 우리나라에서 거의 습관화된 조급함을 그곳까지 지니고 간다면, 기다림에 익숙해져서 바쁜 것을 모르는 인도에서 견디기 어려움은 물론 모처럼의 성지순례의 참 뜻을 훼손할 우려가 적지 않다.

구태여 부처님의 발자취를 더듬어 본다는 것이 어느 의미에서는 실없는 노릇인지도 모른다. 부처님께서 깨치신 경지는 결국 공(空)이면서 불공(不空)이요 무상(無相)의 것이어서, 마치 하늘을 나는 새의 자취와도 같은 그의 발자취를 우리 속인으로서 감히 짐작조차 하기 어려운 일이기 때문이다.

그저 눈에 와 닿는 형상을 보고 일희일비(一喜一悲)하는 범부로서, 자취 없는 자취를 찾아 마치 장님이 코끼리 만지듯 2,600여 년이라는 긴 세월이 흐른 뒤의 형상을 더듬는 것이 아닌가 싶다. 다만,

성지순례는 나름대로의 의미가 있는 것이므로, 처음부터 일반 관광 여행과는 다른 마음가짐으로 출발해야 함은 물론이다.

4. 성지와 관련된 전거(典據)

오늘의 일을 그대로 보는 것이 아니라, 약 2,600년 전에 밟으신 부처님의 발자취를 더듬는 것이기 때문에, 그것을 밑받침하는 근거를 머리에 두고 살펴보는 일이 매우 중요하다. 하지만 성지에 관해서 따로 정리된 전거가 없기 때문에, 필자는 부처님께서 재세 당시에 직접 설하신 바를 결집(結集)하여 만든 초기경전인 아함경(阿含經)과 기원 1세기 전후에 인도의 마명(馬鳴: Asvaghosa)이 부처님의 탄생에서 반열반에 이르기까지의 일대기(一代記)를 시(詩) 형식으로 저술한 불소행찬(佛所行讚)을 참고하면서 성지순례에 임하는 길밖에 없었다. 또한 몇 년 전 필자가 아함경전을 국역하여 주제별, 내용별로 재분류하여 '전해 오는 부처의 가르침' 이라는 이름으로[2] 출간한 것이 큰 도움이 되었다.

우리 보통사람들은 대부분 눈에 보이는 현상을 본다. 그것도 자기의 주관(主觀)에 따라 인식하기 마련이다. 그래서 성지에서 볼 수 있는 여러 상징적인 구조물을 있는 그대로 보는 것만으로는 의미가

---

2) 해조음 간, 전 7권.

잘 통하지 않을 수 있다. 따라서 구조물이 가지는 의미와 역사적 사실관계 및 종교적 의의를 종합하여 음미(吟味)하는 안목이 요구된다고 하겠다.

5. 부처님의 생애(生涯)

본론에 들어가기 전에 미리 부처님의 일생을 살펴보면 성지순례에 참고가 되므로 간추려 기술하고자 한다.

부처님은 기원전 624년에 히말라야 산맥의 남쪽 기슭에 자리한 작은 부족국가 카필라바스투(Kapilavastu)에서 왕자의 몸으로 태어났다. 즉 샤캬(Sakya)족으로서 고타마(Gotama)라는 성을 가진 슛도다나(Suddhodana: 정반왕)왕과 왕후 마야(Maya) 부인 사이에서 첫 아들로 태어나셨으며, 속명(俗名)을 싯달타(Siddhattha)라고 하였다.

싯달타 왕자가 태어나신 지 7일 만에 어머니인 마야 부인이 갑자기 세상을 떠나신다. 마야 부인의 정확한 사인(死因)은 알려져 있지 않다. 다만, 만삭(滿朔)이 된 마야 부인이 해산(解産)[3]하기 위해 코리야족의 수도인 데바다하에 있는 친정으로 가던 중 룸비니 동산에

---

3) 우리나라에서도 4, 50년 전까지만 해도 친정에 가서 해산하는 일이 많았다. 마야 부인은 기원전 624년의 바이샤카 달(인도력 2~4월)의 화창한 보름날에 룸비니동산에 이르러 잠깐 쉬기 위해서 가마에서 내려 팔을 올려 아름다운 꽃이 활짝 핀 사라수(無憂樹라고도 한다) 가지를 잡자, 그 충격으로 나무 가지를 잡은 채 아들을 출산하게 되었다.

서 싯달타 왕자를 낳았으니, 먼 노정 중 길 가에서의 출산으로 말미암은 산욕열 때문이 아닌가 짐작할 뿐이다.

부처님께서 탄생하신지 7일 만에 어머님을 잃은 것은 성장하시면서 깊은 상념(想念)에 빠지는 원인의 하나가 되었다고 할 수 있겠다. 싯달타 왕자는 어머님께서 돌아가신 후, 마야 부인의 뒤를 이어 왕비가 된 이모(姨母) 마하프라자파티의 손에 의해 양육되었다. 싯달타 왕자에게는 이모이자 계모인 마하프라자파티가 낳은 이복동생인 난다(難陀)가 있었고, 사촌인 데바닷다, 아난다, 마하나마와 아니룻다가 있어서, 주로 궁중에서 이들과 함께 지내며 성장하셨다.

싯달타 왕자는 32상을 갖추고 출생하셨는데, 당시 설산(雪山)의 위대한 선인(仙人)으로 알려진 아시타 선인은 왕자를 보자, 장래 싯달타 왕자가 성장하여 궁중에 머문다면 위대한 전륜성왕이 될 것이고, 만일 출가 수도의 길을 걷는다면 완전히 깨달은 붓다가 되어 중생을 제도하게 되실 것이라고 예언하였다. 여덟 살 때부터 교육을 받기 시작한 싯달타 왕자는 문무(文武)에 뛰어난 재능을 보였고, 매우 섬세한 성격의 소년으로서 무엇 하나 범상하게 보아 넘기지 않았으며, 자상하고, 때때로 깊은 상념에 잠기는 일이 많았다고 한다.

그는 성장하면서 성문을 나가 농부의 농사짓는 모습이라든가 시정(市井)의 상황을 살피는 일이 많았는데, 이른바 사문출유(四門出遊)를 통해서 태어나서 늙고 병들며 죽는다는 냉엄한 현실을 눈여겨 봄으로써 인생의 고뇌와 무상함이 머리 속 깊이 자리 잡게 되었다.

마침내 더할 수 없이 평온해 보이는 탁발 사문(沙門)을 만남으로써 출가수행(出家修行)의 의연함을 느끼게 되었다. 부왕(父王)인 슛도다나 왕은 아시타 선인의 예언이 생각날 때마다 왕자가 혹시라도 출가에 뜻을 두지 않도록 하기 위해서 봄, 여름, 가을에 거처할 별궁(別宮)을 지어 온갖 꽃으로 장식하고 궁녀들과 어울려 즐길 수 있도록 온 마음을 다 썼으나, 왕자는 그런 것들이 다 부질없는 것으로 여겨졌다.

"이 마음은 제어(制御)하기 어렵다. 사(事)에 따르면 곧 집착이 생기고, 집착하면 곧 허물을 볼 수 없다. 아무리 방편이라고 하더라도 따르지 않으리. 거짓으로 따르더라도 마음은 움직인다. 이것이 옳은 일이라고는 생각하지 않는다. 이와 같이 노병사(老病死)는 큰 고뇌의 쌓임이다. 나로 하여금 그 가운데 떨어트리는 것은 이치에 닿지 않는다."

〔불소행찬 離欲品 제4 중에서〕

이는 싯달타 왕자가 그의 친구이자 경호원인 우다이(優陀夷)에게 한 말로, 어린 왕자의 심경을 잘 나타내고 있다. 그러나, 자신의 왕자로서의 신분과 부왕의 대를 이을 수 있게 해야 한다는 의무감 등으로 갈등이 심하였다고 한다. 나이 17세가 되었을 때 명문 출신에 미모를 갖춘 야쇼다라와 결혼하여 오랜 결혼생활 끝에 드디어 아들을 낳게 되었는데, 이름을 라훌라(羅睺羅)라 하였다. 싯달타 왕자는 아들이 태어나자 비로소 출가의 때가 된 것으로 생각하고 왕자로서의 모든 부귀영화(富貴榮華)와 사랑하는 가족들을 뒤로 한 채 출가하게 된다. 그는 생로병사(生老病死)가 인생이 안고 있는 근본적인 고뇌라고 인식하고, 인생의 고뇌에서 해탈(解脫)하기 위해서 구도의 길을 택한 것이다.

궁성을 나와 출가한 싯달타 왕자는 당시 문물(文物)이 번창하고 강성했던 마가다국의 수도 라지기르(Rajgir: 왕사성)로 가기 위해서 먼 길을 걸어 강가(Ganga) 강을 건넜다. 라지기르는 카필라바스투 동남쪽 직선거리로 약 400킬로 정도의 위치에 있었다. 당시, 라지기르와 그 근처에는 많은 철학자와 수행자들이 모여들었기 때문에 왕자도 스승을 찾기가 쉬울 것으로 생각한 것이다.

왕자는 라지기르에 이르기 전에 먼저 중간지점인 바이샬리에 있는 당대의 이름 높은 수행자로 상캬 철학의 창시자인 알라라 칼라마를 찾아 가르침을 받았다. 왕자는 그 가르침의 궁극에까지 이르렀으나, 그의 가르침은 무소유처(無所有處)라는 일종의 회의론(nihilism)적인 태도에 그치는 것을 깨닫고 그 곳을 떠나게 된다. 다시, 라지기르의 이름 높은 수행자 웃다카 라마푸트라를 찾아 가르침을 받고 그 가르침의 궁극에 이르렀으나, 그것도 비상비비상처(非想非非想處)라는 철학적 논의와 명상에 그칠 뿐이고, 싯달타 왕자가 추구하는 해탈과는 거리가 먼 것이었다. 그들의 가르침으로는 인생의 고뇌에서 해탈할 수 없다는 것을 알고 그 곳을 떠났다. 왕자는 서남쪽을 향하여 가야(Gaya)까지 가서 나이란자나 강(Nairanjana: 尼連禪河)을 건너 우루벨라 가까이에 있는 고행림(苦行林: 黑林山 또는 大畏山이라고도 함)에 들어가 6년 동안 사람의 상상을 초월하는 고행을 한 것이다.

그러나, 고행림에서의 6년간에 걸친 고행에도 불구하고 그가 추구하는 우주의 진리를 터득하고 인생의 고뇌를 뛰어넘는 해탈을 얻을 수 없음을 깨달았을 뿐이었다. 결국 새로운 수행방법을 모색하기 위해서 고행림에서 나와 지치고 수척할 대로 수척한 몸을 이끌고 나이란자나 강에서 몸을 씻었다.

"이것으로는 이욕적관(離欲寂觀)을 얻을 수 없다. 왕시(往時)에 염부수 아래에서 얻은 미증유의 경지! 바로 그것이다. 도(道)는 허약해진 몸으로 얻을 수 있는 것이 아니니, 잠시 기력을 회복하자. 음식은 제근(諸根)을 채우고, 근(根)이 좋으면 마음이 평안하며, 마음이 편하면 적정(寂靜)이 따르고, 고요함은 선정(禪定)의 길이다. 선정으로 거룩한 법을 알고, 법력으로 얻기 어려움을 얻는다. 적정으로써 늙고 죽음을 떠나고 제구(諸垢)를 멀리하니 이와 같은 묘법은 모두 음식으로 생기니라."

〔佛所行讚 入苦行林品 제7 중에서〕

6년간의 모진 고행에도 불구하고 생로병사를 뛰어넘는 해탈을 얻을 수 없어 수행방법을 바꾸기로 결심할 때의 심경을 짐작하게 하는 대목이다. 부처님께서는 이 때에 이미 비고비락(非苦非樂)의 중도(中道)를 터득하신 것 같다.

때마침, 강둑에서 그 광경을 본 근처 마을 촌장(村長)의 딸 수자타(Sujata)가 급히 집으로 뛰어가 우유쌀죽 한 그릇을 가져다 싯달타 왕자에게 공양 올렸다. 수자타가 정성스럽게 바친 우유쌀죽을 받아드신 싯달타는 차츰 기력을 회복하여 곧 강 건너의 나지막한 언덕으로 오르셨다. 싯달타와 함께 수행하던 다섯 비구들은 왕자가 나이란자나 강에서 목욕하고 수자타가 바치는 우유쌀죽을 공양받는 것을 보자, 왕자가 고행을 버리고 타락한 것으로 속단한 나머지, 왕자를 버리고 자기들끼리 수행하기 좋은 바라나시 근처의 사르나트(Sarnath)의 녹야원을 향하여 떠나버렸다.

나이란자나 강 건너 언덕에 오르신 싯달타 왕자는 수행하기 알맞은 곳을 찾으시던 끝에 그늘이 넓고 짙게 드리운 핍팔라(pippala) 나무[4] 밑에 길상초(吉祥草)를 깔고 결가부좌(結跏趺坐)하고 앉으시어 바른 깨달음을 얻으실 때까지는 결코 자리를 뜨지 않겠다는 결의로 선사(禪思)에 드셨다. 그로부터 7일 만인 음력 12월 8일 이른 새벽 동쪽 하늘에서 유난히 빛나는 별빛에 눈이 마주치는 순간 홀연히 깨치시어 무상등정각(無上等正覺)을 얻어 붓다 즉, '깨친 이'가 되셨다. 29세에 출가하여 실로 6년간의 모진 고행 수도 끝에 대각(大覺)을

---

4) 그 나무 밑에서 싯달타 왕자께서 성불하셨기 때문에 보리수(菩提樹)라고 불리게 되었다.

이루셨으니, 왕자의 나이 35세 되는 해의 일이다. 싯달타 왕자가 성불하시자, 사람들은 그를 석가족에서 난 성자라는 뜻에서 샤캬무니(Sakyamuni: 釋迦牟尼), 깨달은 사람 또는 눈 뜬 사람이라는 뜻에서 붓다(Buddha: 佛陀)라고 부르게 되었다.

　부처님께서는 성불하시자, 그가 처음으로 깨달은 참으로 오묘하고 불가사의한 진리를 어떻게 중생들에게 가르칠 것인가? 또 가르친다고 하더라도 탐욕(貪欲)과 미망(迷妄)으로 가득 찬 중생들이 과연 이해할 수 있을 것인가 등에 관해서 깊이 생각하셨다. 한편, 만일 중생교화(衆生敎化)를 하지 않는다면 생로병사(生老病死)의 고뇌에서 해탈할 수 있는 길을 모색하기 위해서 출가하신 뜻을 실현할 수 없는 것 아닌가라는 느낌이 들기도 하였다. 결국, 3·7일간의 법열(法悅)과 깊은 생각 끝에 중생교화에 나서기로 마음을 정하신 것이다. 부처님께서는 그로부터 바라나시 교외에 있는 사르나트(Sarnath)의 녹야원에서 다섯 비구에게 처음으로 법을 전하셨고, 80세에 반열반(般涅槃)에 드시기까지의 45년간에 걸쳐 스스로 깨치신 진리를 중생들을 위하여 알리고 교화하여 제도하시는 데 몰두하셨다.

　우리가 이제부터 돌아보려는 붓다의 발자취는 바로 그러한 부처님의 일생의 자취를 주마간산(走馬看山) 식으로나마 살펴보려는 것이다.

붓다의 탄생 · 성장과 출가 · 수도

"과거와 미래의 물질도 무상하거늘 하물며 현재의 물질
이겠느냐. 거룩한 제자로서 이렇게 관찰하는 자는 과거
의 물질을 돌아보지 않고, 미래의 물질을 즐겨하지 않으
며, 현재의 물질을 싫어하고 욕심을 떠나 바른 방향으로
멸하여 다하느니라."

—잡아함 과거무상경 중에서

붓다(Buddha)란 앞에서도 설명한 바와 같이 '깨친 이' 또는 '눈 뜬 이'라는 뜻으로, 결국 우리와 같은 사람으로 태어난 싯달타 왕자가 6년간의 피눈물 나는 고행과 보리수 아래에서의 선사(禪思)를 통해서 우주의 큰 진리와 고뇌에서의 해탈의 길을 깨달음으로써 얻은 칭호이다. 그러므로 부처, 곧 붓다는 다른 종교의 교조가 인간이 아닌 하느님의 아들 또는 하느님의 대행자를 자처하는 것과 근본적으로 다르다. 불교를 다른 계시종교(啓示宗敎)와는 달리 자각종교(自覺宗敎)라고 하는 것도 부처님의 깨달음을 바탕으로 한 종교라는 뜻이다. 부처님께서 우리와 같은 사람이라는 것은 부처님께서도 여러 차례에 걸쳐 스스로 말씀하셨다.

"세상 사람들은 비천한 직업을 가지고 여러 가지로 재물을 구하여 살아가면서 큰 부를 얻는다. 세상 사람들은 모두 이처럼 알고, 세상 사람들의 아는 바와 같이 나도 또한 그렇게 말한다. 무슨 까닭인가? 나를 세상 사람들과 다르지 않게 하려는 것이다. 여러 비구들이여! 비유하면

한 곳에 한 그릇이 있을 때, 어떤 사람은 건자라 하고, 어떤 사람은 바리라 하며, 어떤 사람은 비비라라 하고, 어떤 사람은 자루라 하며, 어떤 사람은 비실다라 하고, 어떤 사람은 바사나라 하며, 어떤 사람은 살뇌라 하는 것과 같나니, 그들이 그것을 아는 바와 같이 나도 또한 그렇게 말한다. 무슨 까닭인가? 나를 세상 사람들과 다르지 않게 하려는 것이니라. 이와 같이 비구들이여! 세간법이 있어 나는 스스로 알고 스스로 깨달아 사람들을 위하여 분별하여 연설하고 드러내 보이는 것은 알고 보아 말하는 것인데, 세간의 눈먼 장님들은 알지 못하고 보지 못한다."

〔잡아함 2:38 卑下經 중에서〕

라고 하신 것이 그 좋은 예의 하나이다. 부처님께서는 스스로를 특출한 존재로 과시하지 않고, 우리와 같은 보통 인간이라는 것을 직접 밝혀 말씀하신 것이다.

I. 탄생설화

부처님의 탄생과 전생을 둘러싸고는 여러 가지의 설화와 본생담(本生譚)이 있어서 우리에게 시사하는 바가 매우 크다는 것은 다시 말할 나위조차 없다. 그 내용을 구체적으로 살피는 것은 이 책의 목적하는 바가 아니기 때문에, 여기에서는 부처님의 탄생에 직접 관련

된 초기 경을 되짚어 보는 것으로 족할 것 같다.

　　"왕이여! 저쪽 히말라야 기슭에 한 정직한 민족이 있습니다. 예전부
터 코살라 국의 주민으로 부와 용기를 갖추고 있습니다.
　　성은 '태양의 후예' 라 하고, 종족은 '석가족' 이라 합니다. 왕이여! 나
는 그런 집에서 출가했습니다. 욕망을 채우기 위해서가 아닙니다."[5]

〔숫타니파타 3: 422, 423〕

　　"세존께서는 몸을 펴신 채 어머님의 태에서 나오셨다고 들었나이다.
만일, 세존께서 몸을 펴신 채 어머님의 태에서 나오셨다면 저는 이것을
세존의 미증유의 법으로 받아 가지겠나이다. 세존께서는 태에 싸여 어
머님의 태에서 나오시면서도 피에도 더럽혀지지 않고, 정(淨)과 모든
부정한 것에도 더럽혀지지 않으셨다고 들었나이다. 만일, 세존께서 태
에 싸여 어머님의 태에서 나오시면서도 피에도 더럽혀지지 않고, 정과
모든 부정한 것에도 더럽혀지지 않으셨다면 저는 이것을 세존의 미증
유의 법으로 받아 가지겠나이다. 세존께서 처음 나오셨을 때에 네 천자
가 손에 아주 고운 옷을 가지고 와서 어머님을 기쁘게 하고, 이 동자는
참으로 기특하여 큰 여의족이 있고, 큰 위덕이 있으며, 큰 복이 있고 큰

---

5) 싯달타 왕자가 라지기르에 들어 수행중일 때, 마가다국의 빈비사라 왕이 그의 대인상(大
　人相)과 의연한 모습을 보고 감탄하여 찾아와 대화하던중, 싯달타 왕자의 출신에 대해서
　물은 데 대한 답이다.

43

위신력이 있다고 찬탄하였다고 들었나이다. 만일, 세존께서 처음 나오셨을 때에 네 천자가 손에 아주 고운 옷을 가지고 와서 어머님을 기쁘게 하고, 이 동자는 참으로 기특하여 큰 여의족이 있고, 큰 위덕이 있으며, 큰 복이 있고 큰 위신력이 있다고 찬탄하였다면, 저는 이것을 세존의 미증유의 법으로 받아 가지겠나이다.

세존께서 처음 나오셨을 때에 일곱 걸음을 걸으시고, 두려워하시지도 않고 놀라지도 않으시며, 또한 모든 방위를 관찰하셨다고 들었나이다. 만일, 세존께서 처음 나셨을 때에 곧 일곱 걸음을 걸으시고, 두려워하시지도 않으시고, 놀라지도 않으시며, 모든 방위를 관찰하셨다면 저는 이것을 세존의 미증유의 법으로 받아 가지겠나이다. 세존께서 처음 나셨을 때에 곧 그 어머님 앞에 큰 못이 생기게 하고, 그 물은 언덕까지 차서 어머님께서 그 물로 청정하게 하셨다고 들었나이다. 만일, 세존께서 나셨을 때에 곧 어머님 앞에 큰 못이 생기게 하고, 그 물은 언덕까지 차서 어머님께서 그 물로 청정하게 하셨다면 저는 이것을 세존의 미증유의 법으로 받아 가지겠나이다. 세존께서 처음 나셨을 때에, 허공에서 물이 쏟아져 내렸는데, 하나는 차갑고 하나는 따뜻하여 세존의 몸을 씻겼다고 들었나이다. 만일, 세존께서 처음 나셨을 때에 허공에서 물이 쏟아져 내려, 하나는 차갑고 하나는 따뜻하여 세존의 몸을 씻겼다면, 저는 이것을 세존의 미증유의 법으로 받아 가지겠나이다.

세존께서 처음 나셨을 때에, 모든 하늘은 허공에서 음악을 보내고, 하늘의 푸른 연꽃, 분홍 연꽃, 붉은 연꽃, 흰 연꽃과 하늘의 만다라 꽃과 가루 전단향을 세존에게 뿌렸다고 들었나이다. 만일, 세존께서 처음 나셨을 때에 모든 하늘이 허공에서 음악을 보내고, 하늘의 푸른 연꽃, 분홍 연꽃, 붉은 연꽃, 흰 연꽃과 하늘의 만다라 꽃과 가루 전단향을 세존에게 뿌렸다면, 저는 이것을 세존의 미증유의 법으로 받아 가지겠나이다.…"[6]

〔중아함 8:32 未曾有經 중에서〕

위에서 든 경을 통해서도 알 수 있는 바와 같이, 부처님께서는 우리와 같은 사람으로 태어나셨지만, 그 출생이 비범했다는 것을 알 수 있다.

II. 룸비니

1. 룸비니까지의 행로

룸비니(Lumbini)는 다시 말할 것도 없이 부처님의 탄생지이다. 그 곳이 부처님께서 태어나신 곳이라는 것은 1896년에 독일의 고고학자인 휠러(A. A. Füler)가 바로 탄생지점에 세워진 아쇼카 석주

---

6) 이 경은 부처님께서 슈라바스티(舍衛城)의 기원정사에 계실 때에 시자(侍者)인 아난다(阿難)가 부처님께 여쭌 말이고, 그것을 부처님께서도 인정하신 것이다.

인도 · 네팔 국경에 서 있는 인도의 국경을 표시하는 큰 문

(Ashoka pillar)를 발굴하여 확인함으로써 세계적으로 공인되었다. 나는 부처님께서 탄생하신 바로 그 곳에 직접 들릴 수 있었음을 큰 행운으로 생각한다.

룸비니에 가는 길은 비행기로 네팔(Nepal)의 수도인 카트만두로 가서 그 곳에서 자동차를 이용하여 가는 것과, 인도 쪽에서 자동차를 이용하여 인도·네팔 국경을 넘어서 가는 두 가지 길이 있는데, 이번에 나는 인도 쪽에서 자동차 편으로 국경을 넘었다. 네팔의 여러 곳에 마오이스트(Maoist: 모택동주의자)들이 준동하며 외국관광객들을 습격하거나 약탈하는 일이 자주 생기기 때문에 네팔의 수도인 카트만두에서 자동차로 룸비니까지 가는 것이 위험한 탓이기도 했다.

국경의 양쪽에는 인도와 네팔의 각 출입국사무소가 있어서, 인도 쪽인 소나우리(Sonauli)에서는 출국절차를 밟고, 국경 건너에 있는 네팔 쪽인 벨라히야(Belahiya)에서는 입국비자를 받는 절차를 밟아야 한다. 우리가 타고 간 자동차는 인도 것이기 때문에 네팔 쪽에서 별도로 네팔의 자동차 번호판을 교부받아서 달아야 하는 번거로움을 겪어야 했다. 인도·네팔 국경에는 국경을 넘으려는 관광객을 싫은 차량이나 트럭들이 장사진을 치고 기다리는 것이 예사인데, 내가 그 곳에 이르렀을 때에는 마침 국경을 넘으려는 사람이나 자동차가 없어서 절차가 비교적 수월했음은 그나마 다행한 일이었다. 하나 특기할 만한 일은 인도 출입국사무소에서는 출국절차를 밟으면서 암암리에 '선물'을 요구한 데 반하여, 네팔 출입국사무소에서는 비자신청서를 스스로 작성해 주는 등 신속하고 친절하여 매우 대조적이었다.

국경에서 룸비니까지의 거리는 약 26km이지만, 우리의 옛날 시골 길만도 못한 도로사정과 서행하는 트럭들 때문에 약 1시간 이

상이 걸려 오후 6시에야 룸비니동산 입구의 건너편에 위치한 룸비니 가든(Lumbini Garden) 호텔에 여장을 풀 수 있었다. 그러나 예상과는 달리 네팔의 도로는 인도보다 비교적 잘 정리되어 있었고, 주변의 집들도 국경 부근의 인도에 비하여 비교적 크고 정결하여 의아했다.

저녁 식사를 마치고 산책 삼아 밖으로 나가려 하자, 호텔의 직원이 해가 진 뒤에 호텔 밖에 나가는 것은 위험하니 나가지 않는 것이 좋다는 충고를 하는 통에 그 곳의 야경을 볼 수 없었던 것이 아쉬웠다. 그만큼 그 곳의 치안상태가 불안해 보였는데, 그날따라 그 호텔에 든 손님은 우리 일행을 합해서 5인뿐이라고 해서, 한편으로는 조용해서 좋았지만, 다른 한편으로는 약간 불안한 느낌이 없는 것도 아니었다.

2. 룸비니 동산

부처님께서 탄생하신 룸비니 동산은 끝없이 펼쳐진 평원의 한쪽을 차지하고 있었다. 흔히 인도의 동북부나 네팔이라고 하면 바로 히말라야 산맥의 남쪽이기 때문에 산악지대를 연상하기 쉬운데, 사실은 그 정반대로 광활한 평원이 펼쳐져 있다. 나무가 제멋대로 자란 꽤 넓은 룸비니 동산은 네팔 정부가 수년 전에 국립공원으로 조성하였으며, 그 주변에는 나지막하게 벽돌담이 쳐져 있었다. 쾌청한

날이면 멀리 흰 눈을 머리에 인 히말라야의 연봉이 보인다는데 그날 따라 안개 탓으로 히말라야를 전혀 볼 수 없어서 안타까웠다. 룸비니동산 입구에서부터는 약 10여 분 동안 걸어서 들어가야 하는데, 잘 손질된 길의 좌우에는 갓 심은 꽃들이 자라고 있었고, 여느 곳과는 달리 사람들이 웅성대지 않아 마음이 흐뭇하였다. 약 10분을 걸어 들어가면 퍽 넓은 호수가 펼쳐져 있는데, 국립공원을 조성하면서 만든 인공호수이다. 그 곳에서 오른쪽으로 호수를 따라 한참을 가면 한국을 포함한 티베트, 태국, 일본, 스리랑카, 미얀마 등에서 지은 사원들이 있다.

호수 옆을 지나 조금 가니 다시 울타리가 처져있는데, 그 안이 내가 머리를 두르고 찾아온 부처님께서 탄생하신 곳이다. 입구를 지나 조금 나아가니 매표소가 있다. 입장권을 사서 조금 떨어진 곳에 있는 또 하나의 문을 지나 들어가면 바로 부처님의 탄생지이다. 앞에서 약간 설명한 바와 같이 만삭이 된 마야 부인이 당시 코리야의 수도인 데바다하에 있는 친정에서 해산하기 위해서 그 곳으로 가던 중, 화창한 봄날에 꽃이 화사하게 핀 룸비니 동산에서 잠시 쉬면서 사라나무(無憂樹)의 꽃가지를 꺾으려고 오른손을 들어 가지 하나를 잡자 분만을 하게 되었다고 한다. 고된 여로(旅路)에서 피로로 해산이 앞당겨진 것 같다.

그 곳에는 부처님의 탄생지에 세워진 아쇼카 석주, 마야 부인 사당 및 구룡포수 연못 등이 있다. 아쇼카 석주는 바로 부처님께서

부처님 탄생지의 아쇼카 석주

탄생하신 곳에 아쇼카 대왕이 친히 세웠다는 것이다. 그 석주에는 "이곳이 샤카무니 붓다께서 탄생하신 곳이다. 그래서 돌로 말의 형상을 만들어 그 위에 얹은 석주를 세운다."라고 명기되어 있다. 석주 둘레에는 2중으로 철책이 쳐져 있고, 적지 않은 참배객들이 둘러서서·예를 올리고 있는데, 한 티베트 승려가 오체투지(五體投地)의 예를 올리고 있는 것이 인상적이었다. 나도 그 틈에 끼어 집에서 가지고 간 향[7]을 사르고 예를 올렸다. 이곳이 바로 그 위대한 출생지(Great Birthplace)라고 생각하니, 내가 그 곳에 서 있는 것이 신기하게 느껴질 정도였다.

아쇼카 석주 곁에는 마야부인사당(MahaMaya Devi Temple)이 있는데, 아쇼카 대왕 당시에 지은 사당의 벽돌 유적이 남아 있을 뿐이고, 그 위를 덮어 세운 흰색의 사당 건물이 있을 뿐이다. 그 사당 건물 안의 유적 중앙 벽에 부처님 탄생의 부조동판(浮彫銅版)이 남아 있는데, 그 판에는 손을 들어 무우수 가지를 잡고 있는 마야 부인과 부축하고 있는 두 사람의 시녀, 그리고 한 선인이 보이고, 갓 태어나 사방으로 각각 일곱 발자국씩을 옮기고 천상천하유아독존(天上天下唯我獨尊)이라고 사자후를 하여 모든 생명 있는 것의 존귀함을 웅변한 앞날의 부처님이 뚜렷이 부각되어 있다. 그 부조가 설사 상징적

---

7) 시중에서 파는 보통 향은 화학물질이 가미된 것이어서 순수한 자연향이 아니기 때문에, 나는 국내에서는 물론 국외를 갈 때에도 특별히 만들어진 자연향인 '보림향'을 사가지고 다니며 분향한다.

마야데비 사당

인 것이라고 하더라도 태어나면서부터 비범했던 싯달타 왕자를 연상하기에 충분한 것이었다.

마야부인사당의 건너편에는 출산 후에 마야 부인이 몸을 씻고 갓 태어난 왕자를 목욕시켰다는 구룡포수 연못이 마치 큰 저택의 수영장을 연상케 하는 모습으로 잘 정리되어 있었다. 하지만 너무 규격적으로 만들어 놓아서 약간의 위화감마저 느끼게 하는 것을 어찌할 수 없었다. 그 연못물에는 연못가의 커다란 사라수(沙羅樹) 그림

구룡포수 연못과 사라수
(사라수 아래 일단의 순례자들이 독경 중이다)

자가 아름답게 드리워져 있었다. 그 사라수 밑에 스님을 위시한 한 무리의 순례자들이 마야부인사당을 향하고 앉아 나지막한 목소리로 독경하고 있는 모습이 매우 인상적이었다.

성지순례지의 유적처럼 부처님께서 말씀하신 '무상(無常)'을 실감케 하는 것도 없는 것 같다. 특히 이곳에 와 보니, 무상의 감회가 절절하다. 이 자리에서 부처님을 낳으신 마야 부인은 해산하신 지 불과 7일 만에 세상을 뜨시고, 부처님 또한 반열반하신 지 오래며,

심지어 이곳에 지어진 사당조차 허물어져 일부 벽돌 골조만 앙상하게 남아 있으니 말이다. 부처님께서,

> "과거와 미래의 물질도 무상하거늘 하물며 현재의 물질이겠느냐. 거룩한 제자로서 이렇게 관찰하는 자는 과거의 물질을 돌아보지 않고, 미래의 물질을 즐겨하지 않으며, 현재의 물질은 싫어하고 욕심을 떠나 바른 방향으로 멸하여 다하느니라. 이와 같이, 과거와 미래의 느낌·생각·뜻함·의식도 무상하거늘, 하물며 현재의 느낌·생각·뜻함·의식이겠느냐. 거룩한 제자로서 이와 같이 관찰하는 자는 과거의 의식을 돌아보지 않고, 미래의 의식을 즐겨하지 않으며, 현재의 의식에 대하여 싫어하고 욕심을 떠나 바른 방향으로 멸하여 다하느니라. 무상함과 같이 괴로움, 공(空) 및 '나' 아님도 또한 그와 같으니라."
>
> 〔잡아함 1:8 過去無常經 중에서〕

라고 강조하여 말씀하신 뜻이 새삼스럽게 되새겨진다.

3. 카필라바스투

카필라바스투(Kapilavastu)는 부처님의 아버지이신 슛도다나 왕이 다스린 샤캬 족의 나라로, 부처님께서 29세에 출가하실 때까지 사셨던 왕궁이 있던 곳이다. 룸비니에서 카필라바스투까지는 자동

카필라바스투의 궁성터

차로 약 4시간이 소요되지만, 직선거리로는 그렇게 먼 곳은 아니다. 다만, 네팔·인도 국경을 다시 지나 인도 쪽으로 들어와야 하는데다 도로사정이 좋지 않기 때문에 시간이 걸리는 것이다. 게다가 웬만큼 긴 다리를 건너면 으레히 길을 막고 기다리는 도강료(渡江料)를 징수 하는 곳이 있고, 도로공사를 하는 곳을 지나면 통행료를 받는 곳이 있어서 일일이 멈추고 기사가 내려가서 돈을 내야 하는데 짜증스러 울 정도였다. 우리의 상식으로는 퍽 어처구니없는 일인데도, 인도 사람들은 그런 일에 익숙해서인지 별 불평 없이 순응하는 것이 기특 하기도 하고 안쓰럽기도 했다.

룸비니에서 카필라바스투까지는 지평선이 보이는 평원이 이어 진다. 그 평원에는 노란 유채꽃이 만발했고, 그 노란 화원 사이를 달 리는 기분은 무어라 말로 다할 수 없다. 특히, 그 순례 길의 인상을 한껏 돋운 것은 난생 처음으로 재두루미를 여러 마리 만날 수 있었 다는 점이다. 우리나라에서나 일본에서는 볼 수 없는 거대한 몸집의 재두루미를 볼 수 있었다는 것은 분명 큰 행운이었다. 시베리아에서 여름을 지내고 가을철이 되면 그 높은 히말라야를 넘어 주로 부탄에 서 겨울을 나는데, 일부가 네팔에서 가까운 그 곳까지 날아와 월동 한다는 것이다. 카필라바스투에 거의 다다른 곳의 길 옆 늪지에 처 음 보는 큰 새 여섯 마리가 모여 있는 것이 눈에 띄어 차를 세우고 나가보니 바로 이마의 붉은 관이 선명한 재두루미였다. 조금이라도 가까이에서 사진을 찍으려고 다가갔지만 놀라는 기색조차 보이지

카필라바스투에 있는 연못

않고 그대로 늠름하게 서 있는 것이 아닌가! 참으로 학(鶴)다운 학을 본 것이다.

농장이 펼쳐진 평원 안의 조그마한 언덕을 기대고 있는 카필라 바스투의 궁성 터에는 옛터를 나타내는 벽돌 구조물만이 앙상하게 있고, 슛도다나 왕이 싯달타 왕자를 즐겁게 하기 위해서 만들었다는 연못엔 분홍색 연꽃이 탐스럽게 피어 있을 뿐, 지금은 당시의 모습을 상상으로 그려볼 뿐이다. 그러나 이곳은 부처님께서 룸비니에서 탄생하신 후 바로 이곳 부왕의 궁성으로 옮겨져 출가하실 때까지 29년간의 세속생활을 하신 곳이기 때문에 더욱 감개무량하다. 싯달타 왕자의 발길이 닿지 않은 곳이 없을 터이니, 유적의 어느 곳을 가나 싯달타 왕자의 체취가 느껴지는 것만 같다. 특히, 연꽃이 만발한 연못가에 가서 꽃을 바라보고 있노라니, 그 옛날 싯달타 왕자가 그 연못가를 산책하면서 혹은 연꽃을 바라보면서 혹은 제멋대로 흘러가는 구름을 바라보면서 갖가지 상념에 잠기셨을 것이 연상되어 저절로 숙연해졌다.

슛도다나 왕은 싯달타 왕자가 태어난 지 얼마 되지 않아 왕자를 보기 위해서 궁성을 찾아 온 설산의 선인(仙人) 아시타의 예언이 늘 신경쓰였다. 아시타는 왕자를 보고 32상을 갖춘 이 아이는 장차 성장하여 속세에 머무르면 전륜성왕이 될 것이요, 만일 출가 수행하면 온 중생을 제도할 붓다가 될 것이라고 예언하였던 것이다. 슛도다나 왕은 왕자의 출가를 막기 위하여 갖가지 환락과 호사스런 생활을 갖춰 출가의 뜻을 내지 못하게 하려 노력하였다.

　"…내가 부왕 슛도다나 집에 있을 때에는 나를 위하여 여러 가지 궁전, 곧 봄 궁전과 여름 궁전과 겨울 궁전을 지었으니, 나를 잘 놀게 하기 위해서였다. 궁전에서 멀지 않은 곳에 다시 푸른 연꽃 못, 분홍 연꽃 못, 빨간 연꽃 못, 하양 연꽃 못 등 여러 가지 꽃의 못을 만들고, 그 못 가운데에는 온갖 물꽃, 곧 푸른 연꽃, 분홍 연꽃, 빨간 연꽃, 하양 연꽃을 심어 언제나 물이 있고 언제나 꽃이 있었으며, 사람을 시켜 일체 통행하지 못하게 하였으니, 나를 잘 놀게 하기 위해서였다.

　그 못 언덕에는 또 수마나꽃, 바사꽃, 담뻑꽃, 수건제꽃, 마두건제꽃, 아제모다꽃, 파라두꽃 등 온갖 육지 꽃을 심었으니, 나를 잘 놀게 하기 위해서였다. 그리고 네 사람을 시켜 나를 목욕시키고 붉은 전단향을 내 몸에 바르고, 새 비단 옷을 입혔으니, 위아래나 안팎이나 겉과 속이 모두 새것이었다. 그리고, 밤낮으로 언제나 내게 일산을 씌웠으니, 나로 하여금 밤에는 이슬에 젖지 않고, 낮에는 볕에 그을지 않게 하기 위해서였다.

　다른 집에서는 항상 밀기울, 보리밥, 콩 국, 새양채를 제일 음식으로 삼는 것처럼, 우리 아버지 슛도다나 집의 가장 낮은 하인은 쌀밥과 반찬을 제일 음식으로 삼았다. 다시 다음에는 들짐승으로 가장 아름다운 짐승이 있었으니, 곧 티티라, 캅핀잘라, 해미, 하리니사시라미와 같은 들짐승으로, 가장 맛난 짐승은 언제나 나를 위한 요리가 되었다.

내가 옛날의 아버지 슛도다나 집을 생각하면, 여름 넉 달 동안은 정
전 위에 올라가 있었는데, 남자는 없고 오직 기녀들만 있어서 스스로
즐기 면서 당초에 내려오지 않았다. 내가 동산에 나가려고 할 때에는
삼십 명의 제일 훌륭한 기병을 뽑아 의장이 앞뒤에서 시종하고 인도하
게 하였으니, 그 나머지는 말할 것도 없다. 나는 이러한 여의족이 있었
으니, 이것이 가장 유연한 것이었다. …”

〔중아함 29: 117 柔軟經 제1 중에서〕

위의 경은 싯달타 왕자 당시의 카필라바스투의 모습과 싯달타
왕자의 생활상을 연상하기에 족한 것이라 하겠다. 그러나 싯달타 왕
자는 온갖 호사스런 생활에도 불구하고 모든 것을 그냥 보아 넘기지
아니하고 본질을 추구하여 상념에 잠기는 일이 많았다고 한다.

카필라바스투는 뒤의 동산을 제외하고 보면 3면이 광활한 농지
로 둘러싸여 경제적으로 넉넉했던 것으로 짐작된다. 그렇기 때문에,
싯달타 왕자가 어렸을 때 성문 밖에 나가 봄에 농부가 농사짓기 위
해서 쟁기질하는 모습을 보던 중 쟁기질로 뒤집혀진 흙 속에서 굼벵
이가 튀어나오고, 그 굼벵이를 새가 쪼아 먹는 약육강식(弱肉强食)의
모습을 보았다거나, 이른바 사문출유(四門出遊)를 통해서 노병사(老病
死)의 실상과 사문(沙門)의 의연한 모습을 볼 수도 있었을 것이다.

4. 출가와 수도

싯달타 왕자의 출가를 흔히 '위대한 포기(great renunciation)'라고 부른다. 왕자의 몸으로 당연히 부왕의 뒤를 이어 왕위에 오를 사람이 그러한 왕자의 자리는 물론, 궁중에서의 아무런 부족함이 없는 호화스런 생활, 아리따운 부인 야소다라와 갓 태어난 아들 라훌라(Rahula), 그리고 그를 끔찍이 사랑하고 기대하는 숫도다나 왕과 그를 정성껏 양육해 준 이모이자 계모인 프라자파티(Prajapati)를 아무런 미련없이 모두 버리고 출가 수도의 길을 택한 것이니, 그보다 더한 '위대한 포기'가 없을 것이다.

"'너는 이제 나를 섬기는 일이 끝났다. 지금 이 말을 타고 돌아가라. 나는 긴 밤을 달려 이에 구하는 곳을 얻었다.'라고 말한 다음, 몸에서 보배 장식을 풀어 찬다카에게 주면서 말했다 '이것을 가져라. 너에게 주겠다. 이로써 너의 근심과 슬픔을 위로하리라'고. 보관(寶冠)의 정수리에 있는 마니주(摩尼珠)는 빛을 발하여 몸을 비추었다. 곧 떼어 손 위에 놓으니 일광이 수미를 비추는 것과 같았다. '찬다카여! 이 보석을 가지고 부왕(父王)의 처소에 돌아가 이 보석을 들어 부왕의 발에 예를 올려 나의 경건한 마음을 표하고 나를 위하여 왕에게 계청하라. '원컨대 애련(愛戀)의 정을 버리십시오. 생, 노, 사(生老死)를 해탈하기 위하여 고행림에 들어갔습니다.' 라고."　　　〔불소행찬 車匿還品 제6 중에서〕

싯달타 왕자께서 출가 수도하기 위해서 출성(出城)한 후, 마부(馬夫)인 찬다카를 성으로 돌려보내실 때의 광경이 직접 눈으로 보는 것처럼 생생하게 표현되어 있다.

싯달타 왕자의 출가는 하루아침에 이루어진 것이 아니다. 싯달타 왕자는 이른바, 사문출유를 통해서 이미 마음을 다졌다. 지팡이에 기대어 헐떡이며 힘없이 지나가는 늙은이, 길 가에 누워 신음하는 병자, 가족들의 애통 속에 실려 나가는 주검 등이 보여주는 인간의 피할 수 없는 고뇌와 성장하면서 겪은 호화로운 궁중생활의 허무함 등에 대한 깊은 상념의 결과, 인간의 고뇌에서의 해탈을 위해서 '위대한 포기'를 결심하고 출가 수도의 길을 택한 것이다. 인간의 역사상 이처럼 위대하고도 어려운 결행(決行)은 전무후무(前無後無)한 일이다.

궁성을 벗어난 싯달타 왕자는 밤 내내 달려 새벽녘이 되어서야 샤카 족의 영토를 벗어난 아노마 강가에 이르러 말에서 내려 마부 찬다카를 부왕에게 돌려보내고 히란나바티 강(Hirannavati R.)을 따라 홀로 수행 길에 올랐다. 히란나바티 강은 멀리 히말라야 산맥에서 발원(發源)하여 네팔의 카트만두 부근을 지나 남쪽으로 내려와 쿠시나가르에 이르러 제법 강다운 모습을 갖춘 강으로, 싯달타 왕자는 뒷날 성도하신 후에 이 강의 유역을 여러 차례 유행(遊行)하셨다.

싯달타 왕자가 마음에 둔 수행처는 멀리 마가다 국의 수도 라지기르(Rajgir)였지만, 그 중간지점에 있는 밧지(Vajji) 국의 수도 베살리

(Vesali; 오늘날은 바이샬리라고 함)[8]에서 스승을 찾아 수행을 시작하였다. 당시 베살리는 카시 국(Kasi)의 바라나시와 함께 상업의 중심지로서 경제적으로 풍요로웠을 뿐만 아니라, 많은 철학자와 수행자가 모여들었기에 스승을 찾기 쉬울 것으로 생각했기 때문이리라.

특히, 그 곳에는 뛰어난 명상가인 알라라 칼라마 선인이 있었는데, 그의 가르침을 받았다. 얼마 되지 않아 알라라 칼라마는 자신이 더이상 가르쳐줄 것이 없음을 인정하고 싯달타 왕자에게 자기와 함께 그곳에 머물면서 제자들을 가르칠 것을 제의하였다. 그러나 알라라 칼라마의 경지는 무소유처(無所有處)에 머물고 인간의 고뇌로부터의 해탈과는 거리가 먼 것을 깨달은 싯달타 왕자는 스승의 간곡한 만류를 뒤로 하고 베살리를 떠나 라지기르(왕사성)로 향했다. 베살리는 후기경의 하나인 유마경(維摩經)의 주인공인 유마 거사가 살던 곳으로도 유명하다.

바이샬리에서 라지기르까지는 꽤 먼 길이다. 바리샬리에서 라지기르로 가자면 오늘날 비하르(Bihar) 주의 수도인 파트나(Patna)를 거쳐야 하는데, 바이샬리에서 파트나까지가 약 55km나 된다. 강가 강에 놓인 인도에서 가장 긴 다리인 7.8km의 마하트마 간디 다리를 지나면 바로 파트나이고, 그 곳에서 약 90km를 더 가야 라지기르다. 문제는 도로사정이 매우 좋지 않다는 점이다.

---

8) 베살리(바이샬리)에 관한 자세한 유적에 관해서는 이해의 편의상 뒤의 '최후의 여정'에서 다루기로 하고, 여기에서는 최초의 수행 길에 대해서만 간단히 설명하기로 한다.

한때 마가다 국의 수도가 라지기르에서 파트나, 곧 당시의 파트리푸트라(Patriputra)로 옮긴 적도 있지만, 비하르주는 부패한 공직자가 많고 문맹율이 가장 높아 인도에서 경제적으로 가장 낙후된 곳이다. 싯달타 왕자는 이 먼 길을 오직 묵묵히 한 발 한 발 떼어 옮겨 몇날 며칠을 걸어서 라지기르에 이른 것이다.

라지기르[9]는 당시 코살라 국과 함께 강대국의 하나였던 마가다 국의 수도로서 새로운 문물과 사상의 중심이 되었고, 따라서 많은 사상가와 수행자들이 몰려드는 곳이었다. 그 곳에 이른 싯달타 왕자는 라지기르 교외의 나지막한 판다바 산에 있는 조그마한 암굴(岩窟)을 거처로 정하고, 당시 그 곳에서 널리 알려진 명상가인 웃다카 라마푸트라 선인의 지도를 받았다. 그의 지도를 받은 지 얼마 되지 않아 싯달타 왕자는 더 배울 것이 없는 수준에까지 이르렀으나, 웃다카 선인의 경지는 비상비비상처(非想非非想處)에 머물고, 싯달타 왕자가 추구하는 해탈과는 아직 거리가 먼 것임을 깨닫고 그를 떠나 홀로 수행에 들었다. 스승으로 삼을 만한 사람이 없어 결국 독학의 길을 택한 셈이다.

당시 출가 사문들의 일반적인 관례인 탁발을 위해서 아침에 라지기르 성 안으로 들어간 싯달타 왕자는 평소 많은 관심을 갖고 수행자들을 외호하던 빔비사라 왕의 눈에 띄게 되었다. 빔비사라 왕은

---

9) 라지기르에는 많은 불교유적이 있지만 모두 부처님의 성도 후에 관한 것이기 때문에 성도 후의 부분에서 다루기로 한다.

32상을 갖춘 그 늠름하고 고귀한 모습의 싯달타 왕자가 탁발하는 모습을 보자, 곧 예사 사람이 아님을 직감하였다. 신하로 하여금 그의 뒤를 밟아 거처를 알아오게 한 다음, 스스로 판다바 산으로 싯달타 왕자의 암굴을 찾아갔다. 싯달타 왕자를 마주한 빔비사라 왕은 싯달타 왕자가 샤캬족 출신의 왕자로서 출가 수행의 길을 걷고 있음을 알게 되자 기뻐하면서,

"그대는 현명하고 아직 젊은 나이로 무엇 때문에 출가한 것인가? 거룩한 왕자로서 걸식하고 영욕을 버리느니 그 몸에 마땅히 향을 바를 것이거늘 무엇 때문에 가사를 걸치는가? 손으로는 마땅히 천하를 잡을 것이거늘 오히려 거친 음식을 받는가? 만약, 부왕의 대를 이어 받아 그 땅을 받지 않는다면 내가 지금 나라의 반을 나누어 주리."

〔불소행찬 빔비사라 왕 詣太子品 제10 중에서〕

라고 하며 왕자가 그와 함께 있기를 권했지만, 싯달타 왕자는

"그대 방편을 만들어 나를 오욕에 끌어들이지 말라. 내가 바라는 것은 청정하고 걸림없는 길이다. 그대는 서로 함께 요익하여 나의 원하는 바를 도우려 하나, 그것은 크게 벗어난 것이니라. 나는 원가(怨家)를 두려워하지 않고 생천의 즐거움을 구하지 않으니, 마음에 속된 이익을 품지 않아 천관을 버렸느니라. 그러므로 그대의 정과 달리 일부러 온 뜻

을 따를 수 없노라.… 때에 왕은 곧 합장하고 덕을 섬기는 마음으로 환희하여 '그대의 구하는 바와 같이 원하는 성과를 빨리 이루기 바란다. 그대가 속히 원하는 바를 이루면 마땅히 돌아와 나를 섭수하기 바란다.' 보살은 마음으로 허락하고 '반드시 그대의 원하는 바에 따르리라.' …"

〔불소행찬 빔비사라왕품 제11 중에서〕

라고 다짐한 다음, 그 곳을 떠나 많은 고행자들이 모여 있어 고행림으로 불리던 우루벨라(Uruvela)의 흑림산으로 향했다.

5. 고행림

고행림은 라지기르에서 가야(Gaya)까지 약 80km를 가서 그곳에서 오늘날의 부다가야(Buddhagaya) 쪽으로 약간 더 가다가 나이란자나 강(니련선하)를 건너 비교적 풍요롭게 보이는 마을을 지나면 조금 떨어진 앞쪽에 길다란 산이 보이고 그 앞에 숲이 전개되는데, 그 곳이 바로 흑림산의 고행림이다.[10] 흑림산은 우루벨라로 이어져 있

---

10) 일부에서는 부처님께서 설산(雪山)인 히말라야 산에서 수행하신 것으로 잘못 알려져 있으나, 라지기르에서 히말라야까지는 북으로 아주 먼 거리일 뿐만 아니라, 여러 고증과 부다가야의 보리수 밑에서 성도하신 점 등을 종합하여 보면 고행림에서 수행하셨다고 하는 것이 사실에 가깝다.

먼발치에서 본 고행림

는 꽤 길고도 그곳치고는 높은 산이다. 나는 가능하면 고행림 안에 까지 들어가 보려고 생각했지만, 가끔 순례객을 습격하여 금품을 빼앗는 강도가 나타난다고 하면서, 인도인 가이드가 한사코 만류하는 바람에 먼발치로만 바라보고 온 것이 여간 아쉽지 않다.

부처님께서는 바로 이 고행림에서 6년간에 걸쳐 상상을 초월하는 모진 고행을 하신 것이다. 그 고행림에 들어가 바위 한 귀퉁이나 나뭇잎 하나라도 만져보고 싶었던 생각을 접어야 했다. 부처님께서 제자들에게 당시의 고행담을 말씀해주신 경을 보면,

"이와 같이 들었다. 한때 부처님께서는 바이샬리 밖 동산에 계시면서 여러 비구들에게 말씀하셨다.

'옛날 성불하기 전에 나는 저 대외산을 의지하여 머물러 있었다. 그 때에 그 산은 욕심이 있거나 욕심이 없거나 거기에 들어가는 사람은 모두 두려워 몸의 털이 일어섰다. 한창 뜨거울 때에 아지랑이가 이리 저리 끼면 나는 몸을 들어내어 앉았다가, 밤이 되어서야 깊은 숲 속에 들어갔고, 또 몹시 추운 날에 바람과 눈이 섞여 오면 낮에는 숲 속에 들어갔다가 밤에는 한데 나와 앉아 있었다. 나는 그 때에 한 게송을 읊을 수 있었다.

나는 밤에 대담히 대외산에서 편안했나니

내 형체를 들어내는 것 그것이 내 서원이어라.

나는 무덤 사이에서 죽은 사람의 옷을 주워 내 몸에 덮었다. 그 때에

68

그 안타촌 사람들은 나뭇가지를 꺾어 내 귀를 찌르기도 하고, 혹은 코를 찌르기도 하였다. 또, 침을 뱉는 이도 있었고, 오줌을 갈기는 이도 있었으며, 혹은 흙을 내 몸에 끼얹기도 하였다. 그러나 나는 끝내 그들에게 화를 내지 않았다. 그 때는 그러한 고른 마음이 있었느니라.

그 때는 외양간에 가서 송아지 똥을 보면 곧 그것을 집어먹었고, 송아지 똥이 없으면 큰 소똥을 집어먹었다. 나는 그것을 먹고 생각하였다. '이제 나는 먹었으니 오늘은 하루 종일 먹지 않으리라'고. 내가 이렇게 생각하였을 때, 저 하늘들은 나에게 와서 이렇게 말하였다. '너는 단식하지 말라. 그래도 굳이 단식하려면 우리는 단이슬로써 정기를 대주어 목숨을 보전하게 할 것이다'고.

그 때에 나는 생각하였다. '나는 이제 단식하였다. 그런데 무엇 하려고 저 하늘들이 단이슬을 보내어 내게 주게 하겠는가! 그것은 장차 내 몸에 대한 거짓이 될 것이다'고. 그 때에 나는 다시 생각하였다. '지금부터는 깨와 쌀을 먹자'고. 그 때에 나는 하루에 깨 한 알과 쌀 한 알씩을 먹었다. 몸은 쇠약해서 뼈는 서로 맞붙고, 정수리에는 부스럼이 생겨 가죽과 살이 절로 떨어졌다. 그것은 마치 조롱박 같아서 머리가 다시 살아나지 않는 것처럼 정수리에 부스럼이 생겨 가죽과 살이 절로 떨어졌다. 그것은 다 먹지 않았기 때문이었다. 깊은 물 속에 별이 나타나는 것처럼, 내 눈도 그와 같았다. 그것도 먹지 않았기 때문이었다.

낡은 수레가 부서진 것처럼, 내 몸도 모두 부서져 뜻대로 되지 않았다. 또, 낙타 다리처럼 내 엉덩이도 그와 같았다. 내가 손으로 배를 어루만지면 곧 등뼈가 손에 대이고, 또 등을 어루만지면 뱃가죽이 손에 닿았다. 몸이 이처럼 쇠약한 것은 다 먹지 않았기 때문이었다. 나는 그 때에 깨 한 알과 쌀 한 알만을 먹었으나, 끝내 이익이 없었고, 또 그 거룩한 법도 얻지 못하였다. 또, 나는 대소변을 보고 싶어 일어나면 곧 땅에 넘어져 스스로 일어나지 못하였다.

그 때에 저 하늘들은 그것을 보고 말하였다. '이 사문 고오타마는 벌써 열반에 들었다'고. 또, 어떤 하늘은 이렇게 말하였다. '이 사문은 아직 죽지 않았다. 그러나 곧 죽을 것이다'고. 또, 어떤 하늘은 이렇게 말하였다. '이 사문은 죽지 않았다. 이 사문은 진실로 아라한이다. 대개 아라한의 법에는 이러한 고행이 있다'고.

나는 그 때에 그래도 아직 의식이 있어서 밖에서 오는 일들을 알 수 있었다. 나는 다시 생각하였다. '나는 숨이 없는 선정에 들자'고. 나는 곧 숨이 없는 선정에 들어 드나드는 숨길을 세었다. 나는 그 드나드는 숨길을 세다가 어떤 기운이 귀에서 나오는 것을 깨달아 알았다. 그것은 바람 소리와 우레 소리 같았다. 나는 생각하였다. '나는 지금 입을 막고 귀를 막고 숨이 나오지 못하게 하자'고. 숨은 나오지 않았다.

나는 그 때에 안 기운이 손과 다리로 좇아 나와 기운으로 하여금 귀, 코, 혀로 나오지 못하게 하였다. 그 때에 내 안 소리는 우레처럼 울었다. 그 때에 내 의식은 온 몸을 따라 도는 것 같았다. 나는 다시 생각하였다. '나는 다시 숨이 없는 선정에 들자'고. 나는 곧 모든 구멍의 숨길을 막았다. 모든 드나드는 숨길을 막음으로써 곧 머리와 이마가 아팠다. 마치 어떤 사람이 송곳으로 머리를 쑤시는 것처럼 내 머리의 아픔도 그와 같이 심하였다. 그래도 나는 아직 의식이 있었다. 나는 다시 생각하였다. '나는 다시 선정에 들어 숨길이 드나들지 못하게 하자'고. 나는 곧 드나드는 숨을 막았다. 그 때에 모든 숨은 다 뱃속에 모였다.

그 때의 내 숨의 움직임은 지극히 미세하였다. 그러나 마치 백정이 칼로 소를 죽이는 것처럼, 그 때의 내 고통은 심하였다. 또, 건장한 두 사람이 약한 사람을 맞들고 불 위에 구우면 그 고통이 지독하여 견딜 수 없는 것처럼, 그 때의 내 고통도 그와 같아서 이루 다 말할 수 없었다. 그래도 나는 아직 의식이 있었다.

내가 좌선을 할 그 때 내 형체는 사람 꼴이 아니었다. 그 중의 어떤 사람은 나를 보고 이렇게 말하였다. '이 사문은 얼굴빛이 매우 검다.' 또, 어떤 사람은 이렇게 말하였다. '이 사문의 얼굴빛은 초록빛 같다.'

비구들이여 알라! 나는 육년 동안 이렇게 고행하였다. 그러나 그 거룩한 법은 얻지 못하였다. 그 때에 나는 생각하였다. '이렇게 하는 것은 도를 성취하는 근본이 아니다. 반드시 다른 길이 있을 것이다'고. 나는 생각하였다. '나는 기억한다. 옛날 내가 부왕의 나무 밑에 있을 때에 음욕과 욕심이 없어 온갖 악하고 착하지 않은 법을 버리고 첫째 선정에 놀았고, 깨침과 봄이 없는 둘째 선정에 놀았으며, 보호하는 생각이 청정하여 어떠한 생각도 없는 셋째 선정에 놀았고, 괴로움도 즐거움도 없어 생각이 청정한 넷째 선정에 놀았었다. 이것이 혹 그 길인지 모른다. 나는 이제 그 길을 찾자'고. 그리하여 나는 육년 동안 괴롭게 그 도를 구하였으나 능히 얻지 못하였느니라.

혹은 가시 위에 눕기도 하고, 널빤지나 쇠못 위에 눕기도 하며, 새처럼 땅에서 떨어져 달리기도 하였고, 두 다리를 위로 올리고 머리를 땅에 두기도 하였으며, 다리를 꼬아 걸터앉기도 하였으며, 수염과 머리를 길러 깎지 않기도 하였으며, 볕에 쬐고 불로 굽기도 하였고, 한겨울에 얼음에 앉기도 하고 몸을 물에 담그기도 하였으며, 혹은 잠자코 말하지 않기도 하였다.

혹은 하루에 한 번 먹기도 하고, 혹은 두 번, 세 번, 네 번 내지 일곱 번 먹기도 하였다. 혹은 나물과 과실을 먹고, 벼나 깨를 먹었으며, 풀뿌리와 나무 열매와 꽃 냄새를 먹기도 하고, 혹은 여러 가지 과실과 고기를 먹기도 하였다. 때로는 옷을 벗고, 때로는 옷을 입었으며, 때로는 띠 풀 옷, 털 옷을 입었고, 때로는 사람털로 몸을 가리었으며, 때로는 머리를 길러 남의 머리털로 다래를 들이기도 하였느니라.

비구들이여! 나는 옛날에 이처럼 고행하였다. …"

〔증일아함 23:31 增上品 중에서〕

라고 직접 말씀하셨으니, 그 때의 부처님 모습이 어떠했을 지를 짐작하고도 남음이 있다. 이처럼 혹독한 고행을 하셨음에도 불구하고 추구하는 해탈을 얻지 못하시자, 싯달타 왕자는 고행은 몸만 해칠 뿐 해탈을 얻을 수 있는 길이 아니라고 생각하고, 6년간의 고행 끝에 드디어 그 곳을 떠나 수척할 대로 수척한 몸을 이끌고 고행림을 나와 오늘날의 부다가야 건너편의 나이란자나 강을 향하여 우루벨라를 지나 내려오셨다. 당시 뼈와 가죽만 남은 상태의 싯달타 왕자가 떼어 옮기는 한 발 한 발은 마치 천근이나 되는 듯 무거웠을 것으로 짐작된다.

6. 나이란자나 강과 수자타

고행림 쪽에서 뼈와 가죽만 남은 수행자가 기다시피 하여 내려

수자타 사당 안의 공양상

소똥을 말리기 위해서 벽에 붙여 놓은 모습

오는 것을 본 그 마을 촌장의 딸 수자타(Sujata)는 급히 집으로 뛰어
가 인도에서 흔히 볼 수 있는 우유쌀죽(乳米粥)을 한 그릇 가져다가
정중히 올렸다. 싯달타 왕자는 그 죽을 받아 드시고 조금 기력을 차
리시어 나이란자나 강의 물로 몸을 씻으신 다음, 그 강 건너의 나지
막한 언덕에 오르신 것이다.

　평소 함께 고행하던 다섯 비구들은 싯달타 왕자가 수자타 소녀

의 우유쌀죽을 받아 드시는 것을 보자, 견디지 못하여 포기한 것으로 잘못 알고 싯달타 왕자를 버리고 자기들끼리 또 다른 수행처인 사르나트의 녹야원을 향하여 떠나가 버렸다.

지금 우루벨라 촌에는 수자타가 싯달타 왕자에게 우유쌀죽을 공양올린 곳에 순백색의 수자타 사당(Sujata temple)이 세워져 있고, 그 안에는 파키스탄의 라호르 박물관에 소장되어 있는 부처님의 고행상(苦行像)을 연상시키는 상과 죽 그릇을 올리는 수자타의 상이 모셔져 있다. 수자타 사당을 참배하고 나오자, 남루한 옷에 거지 차림을 한 아이들과 한 노인이 끈질기게 뒤따르며 보시해달라고 한다. 유적지의 도처에서 당하는 일이지만, 오늘날의 수자타 마을은 매우 처지가 어려워 보이는 사람들이 많이 모여 살고 있는 것 같았다. 그 마을에서 멀지 않은 도로변에 한국 정토회의 법륜 스님이 운영하는 학교가 있어 매우 인상적이었다. 특히, 우루벨라는 부처님께서 초전법륜 후 얼마 지나지 않아 60제자들에게 중생교화에 나서도록 말씀하신 다음, 몸소 이곳 우루벨라까지 오셔서 가섭 3형제를 제도하신 곳이어서 더욱 의미 있는 곳이다.

한 가지 덧붙일 것은, 일부에서는 싯달타 왕자가 어떻게 그 수척한 몸으로 넓고 깊은 나이란자나 강을 건널 수 있었을 지에 대한 의문을 제기한다. 그러나 그것은 나이란자나 강의 사정을 잘 모르는 소치라고밖에 말할 수 없다. 곧, 뚝이 없고 준설 작업을 하지 않은 인도의 많은 강들은 우기(雨期)에는 크게 범람하지만 건기(乾期)에는

물 한 줄기 없이 마른 나이란자나 강

물이 없거나 있더라도 아주 적은 양의 물이 흐를 뿐이다.

　필자가 지난번에 갔을 때에는 그 넓은 나이란자나 강에 약 2, 3m 폭의 작은 실개천이 흐르고 있었으나, 이번에는 그나마도 없이 넓은 모래사장이 펼쳐져 있을 뿐이었다. 그 모래사장에는 상류(上流)

의 강가에서 죽은 자를 화장한 후 유골을 담아 강물에 띄운 황토로
빚어 만든 토기(土器)들이 물 빠진 강바닥에 여기 저기 널려 있을 뿐
이어서, 인생의 무상함을 실감하게 하였다. 싯달타 왕자가 고행림에
서 나와 나이란자나 강을 건너 언덕에 오르신 때가 양력으로 12월
이니, 그 때는 이미 건기가 한창임을 생각하면 의문이 자연스레 풀
린다.

붓다의 성도

길상은 나에게 물었다.
"고타마 님은 오늘 이 풀을 어디에 쓰려고 하십니까?"
나는 대답하였다.
"나는 그것을 나무 밑에 깔고 앉아 네 가지 법을 구하고
자 한다. 어떤 것이 넷인가. 성현의 계율과 성현의 지혜
와 성현의 삼매와 성현의 해탈이다."

—증일아함 증상경 중에서

1. 강가에서의 오르막 길

나이란자나 강을 건넌 싯달타 왕자는 곧 그 곳의 나지막한 언덕
에 올라 좌선하기에 알맞은 장소를 찾았다. 언덕의 중턱쯤에 그늘을
넓게 드리운 무성한 핍팔라 나무(pippala)[11]가 서 있는 것이 눈에 띄
자, 싯달타 왕자는 그 곳으로 갔다. 때마침 거기에서 가까운 곳에서
풀을 깎고 있는 바라문에게 풀을 조금 나누어 줄 것을 부탁하였다.
그 바라문은 싯달타 왕자가 핍팔라 나무 밑에 깔고 좌선에 들려는
것임을 알고 자기가 깎은 풀을 가져다 스스로 자리를 마련해 드렸
다. 부다가야의 부처님께서 성도하신 곳에 세워진 대보리정사(Maha
Boddhi Maha Vihara)의 정면 입구 쪽에서 나이란자나 강 쪽으로 내려
가는 100m쯤 되는 골목길이 있는데, 그 길이 싯달타 왕자가 나이란

---

11) 힌두 말로 핍팔라나무는 학명이 피쿠스 렐리지오사(Ficus Religiosa)인데, 부처님께서 그
　　나무 밑에서 성도하였음을 기려 보리수(Boddhi Tree: 菩堤樹)라고 한다.

자나 강을 건너 언덕으로 올라오신 길이라고 한다.

싯달타 왕자는 곧 그 핍팔라 나무 밑에 깐 풀을 방석 삼아 결가 부좌하고 앉아, 정각을 이루기 전에는 일어나지 않을 결의를 다지고 선사(禪思)에 드셨다. 부처님께서 말씀하신 바에 의하면,

"… 그 때에 나는 이렇게 생각하였다. '나는 지금 위없는 도를 구하자'고. 어떤 것이 위없는 도인가? 이른바, 네 가지 법으로 향하는 것이니, 성현의 계율과 성현의 지혜와 성현의 해탈과 성현의 삼매이다. 나는 다시 생각하였다. '이처럼 쇠약한 몸으로는 그 위없는 도를 구할 수 없다. 약간의 정미한 기운을 먹어 몸을 기르고, 기력이 왕성한 뒤에야 도를 수행할 수 있을 것이다. 정미한 기운을 먹자'고.

때에 다섯 비구들은 나를 버리고 돌아가면서 '이 사문 고오타마는 그 성행이 어지러워져 참 법을 버리고 삿된 업으로 나아갔다'고 하였다. 나는 그 때에 곧 자리에서 일어나 동쪽을 향하여 거닐면서 생각하였다. '먼 과거의 항하수 모래알 같은 모든 부처님의 성도하신 곳은 어디에 있는가'고. 그 때에 허공에서 하늘 신은 나에게 말하였다. '현자여, 알라! 과거의 항하수 모래알 같은 모든 부처 세존은 저 보리수의 시원한 그늘 밑에 앉아 부처를 이루게 되었습니다'고. 나는 다시 생각하였다. 어디 앉아 부처가 되었던가? 앉았던가, 섰던가?'고. 그 때에 하늘은 다시 나에게 말하였다. '과거 항하수 모래알 같은 부처 세존은 풀자리에 앉아 부처가 되었습니다'고.

그 때에 멀지 않은 곳에서 길상이라는 범지가 풀을 베고 있었다. 나는 그에게 가서 물었다. '너는 어떤 사람인가? 이름은 무엇이며, 성은 무엇인가?'

범지는 대답하였다. '내 이름은 길상이요, 성은 불성입니다.'

나는 그 때에 그에게 말하였다. '좋고 좋구나. 그러한 성명은 세상에 드물다. 성명이란 헛되지 않아 반드시 그 성명대로 되는 것이다. 너는 이 현세로 하여금 길하게 하여 이익되지 않음이 없게 하고, 남, 늙음, 병, 죽음을 아주 없앨 것이다. 너의 성 불성은 나의 옛날 성과 같구나. 나는 지금 그 풀을 조금 얻고 싶다.'

길상은 나에게 물었다. '고타마 님은 오늘 이 풀을 어디에 쓰려고 하십니까?'

나는 대답하였다. '나는 그것을 나무 밑에 깔고 앉아 네 가지 법을 구하고자 한다. 어떤 것이 넷인가? 성현의 계율과 성현의 지혜와 성현의 삼매와 성현의 해탈이다.'

비구들이여 알라! 그 때에 길상은 몸소 풀을 가지고 나무 밑에 가서 깔았다. 나는 그 위에서 몸과 마음을 바로 하고 가부좌하고 앉아 생각을 매어 앞에 두었다. 그 때에 나는 탐욕이 풀리고, 온갖 착하고 악하지 않은 법이 없어지고, 다만 깨침과 봄이 있어 마음이 첫째 선정에 놀았고, 다음에는 깨침과 봄이 모두 없어져 마음이 둘째, 셋째 선정에 놀았으며, 보호하는 생각이 청정하여지고 근심과 기쁨이 모두 없어져 마음이 넷째 선정에 놀았다. 그 때에 나는 이 청정한 마음으로 말미암아 모든 번뇌가 없어지고 두려움이 없게 되어 과거에 무수히 변하여 내려온

전생 일을 알았다.

나는 곧 스스로 무수한 세상 일을 기억하였다. 즉, 일생, 이생, 삼생, 사생, 오생, 십생, 이십생, 삼십생, 사십생, 오십생, 백생, 천생, 백천만 생과 이루어진 겁, 무너진 겁과 무수히 이루어진 겁, 무수히 무너진 겁 과 무수한 이루어지고 무너진 겁 동안에, 나는 일찍이 여기에서 죽어 저기에서 났고, 저기에서 죽어 여기에 와서 났다는 처음이 없는 그 본 말과 인연의 무수한 세상 일을 모두 기억하였다.

또, 나는 청정하여 흐림이 없는 하늘눈으로 중생들의 나는 이와 죽는 이, 좋은 세계와 좋은 몸, 나쁜 세계와 나쁜 몸, 혹은 좋고 추한 것은 모 두 그 행의 근본을 따른다는 것을 관찰하여 알았다. 즉, 어떤 중생은 몸 으로 악행을 짓고 입과 뜻으로 악행을 지어, 성현을 비방하고 삿된 업 의 근본을 지어, 삿된 소견과 서로 어울림으로써 몸이 무너지고 목숨이 끝난 뒤에는 지옥에 났다. 또, 어떤 중생은 몸과 입과 뜻의 행이 착하여 성현을 비방하지 않고 바른 소견과 서로 어울림으로써 몸이 무너지고 목숨이 끝난 뒤에는 인간에 태어났다. 이것이 이른바, 그 중생은 입과 몸과 뜻의 삿됨이 없다는 것이니라.

그래서 나는 청정하여 흐림이 없는 삼매의 마음으로 번뇌가 다하고 번뇌가 없게 되어 마음이 해탈하고 지혜가 해탈하였다. 그래서, 나고 죽음은 이미 다하고, 범행은 이미 서고, 할 일은 이미 마쳐, 다시는 태 를 받지 않을 줄을 여실히 알고, 곧 위없는 바르고 참된 도를 이루었느 니라.…"

〔증일아함 23:31 增上品 중에서〕

라고 하신 바와 같이, 결가부좌하고 선사에 드신 지 7일 만인 음력 12월 8일 이른 새벽에 동쪽 하늘에서 유난히 빛나는 별빛에 눈이 마주치는 순간 홀연히 깨치시어 무상등정각(無上等正覺)을 얻어 인류 역사상 처음으로 '깨친 이'인 붓다가 되신 것이다. 29세에 출가하여 실로 6년간의 상상을 초월하는 모진 수행 끝에 대각(大覺)을 이룬 것이니, 왕자의 나이 35세 되는 해의 일이다.

2. 부다가야와 성도

부다가야(Buddhagaya; Bodhgaya라고도 한다)는 가야(Gaya)에서 가까운 곳에 있는 지명인데, 부처님께서 그 곳에서 성도하셨음을 기려 그와 같이 붙인 지명이라고 한다. 그 곳에는 부처님께서 그 밑에서 성도하신 보리수와 원래의 보리수 자리에 아쇼카 대왕이 축조하였다는 대보리정사(Maha Boddhi Maha Vihara)를 중심으로 꽤 넓은 성지(聖地)가 조성돼 있어, 그 경내에는 아쇼카 석주와 수많은 크고 작은 탑(stupa)들이 서 있고, 한쪽으로 부처님께서 깨달음을 얻은 후 선정에 드셨다는 무찰린다 연못 등이 있다.

룸비니가 싯달타 왕자의 탄생지라면, 부다가야야말로 붓다의 탄생지이다. 그런 의미에서 부다가야, 특히 부처님께서 깨달음을 이루신 자리에 아쇼카 대왕이 세웠다는 우뚝 솟은 대보리정사 앞에 선 감회는 이루 말로 다할 수 없다. 대보리정사는 높이가 54m나 되는

대보리정사

사각형의 첨탑형으로 되어 있는데, 그날따라 푸른 하늘에 치솟은 대탑의 모습은 장관이었다. 먼저 부처님 상을 모신 법당에 들렀는데, 법당은 서너 평 남짓한 좁은 곳이었다. 부처님 상 앞에 서울에서 가져간 향을 살라 분향하고 삼배를 올린 다음, 부처님을 우러러 보면서 한참을 서 있지 않을 수 없었다. 그 좁은 공간에는 티베트 승려들이 벽쪽으로 쭉 둘러앉아 독경을 하거나 참선에 열중하고 있었다. 이번에 나는 또 한 가지 감동적인 장면을 볼 수 있는 행운을 가졌다. 거기에 모셔진 불상의 옷을 철에 따라 갈아 입혀드리는데, 마침 내가 그 법당에 들어가 있는 동안에 갱의(更衣) 절차가 시작되어 끝나는 모든 과정을 볼 수 있은 것은 뜻하지 않은 기쁨이었다.

법당에서 나와 대보리정사를 돌면서 보리수 밑의 금강보좌(金剛寶座)에 합장하고 예를 올렸다. 대보리정사에는 네 면에 모두 많은 불상을 모시거나 부조(浮彫)하였는데, 그 정교함에 놀라지 않을 수 없었다. 대보리정사 주변에는 연거푸 오체투지(五體投地)의 예를 올리고 있는 많은 티베트 승려들, 삼삼오오(三三五五) 모여 앉아 독경하거나 좌선에 든 순례자들, 또는 합장하고 열심히 대보리정사를 돌고 있는 순례자들이 눈에 띄어 보는 이로 하여금 더욱 숙연하게 한다. 이번에 이곳 부다가야에 오기 전날 오후 8시경에 이 대보리정사의 입구 오른쪽 벽에 모셔져 있는 타라 여신(Tara Devi)상의 이마와 오른쪽 눈에서 물이 흐르는 기적이 있었다고 해서 필자가 그 곳에 들른 때에도 그 상 앞에 많은 사람들이 모여 합장하고 예를 올리고 있었는데, 우리도 그 틈에 끼어들었다. 필자가 그 곳에 들렀을 때에는 이마에서 물이 흐른 자국이 조금 남아 있을 뿐이었는데, 그 곳에서 발행되는 신문에도 그 사실이 크게 보도될 정도였다.

대보리정사에서 멀지 않은 곳에 서 있는 아쇼카 석주에는 그 곳이 부처님께서 정각을 이루신 곳임을 새기고 있다. 대보리정사의 남단에는 무찰린다(Mucalinda) 연못이 있는데, 그 연못 한 가운데에는 거대한 코브라가 그 머리로 선정에 드신 부처님 위를 마치 양산을 바치듯 바치고 있는 상이 모셔져 있다. 그 연못에는 얼마나 많은 고기가 살고 있는지 필자가 다가가서 과자 부스러기를 던지자 모여드는 꼴이 장관이 아닐 수 없었다. 문자 그대로 물 반, 고기 반이었다.

대보리정사 뒤에 서 있는 수령이 수 백 년은 돼 보이는 보리수는 부처님께서 그 밑에서 정각을 이루신 보리수의 6대손쯤 되는 것이라고 하는데, 밑둥치가 내 팔로 서너 아람은 됨직한 아주 큰 나무이다. 그 나무와 대보리정사의 벽 사이에 금강보단(金剛寶壇)이 마련되어 있어 늘 많은 사람으로 붐비는데, 몇 년 전과는 달리 그 곳에 불상을 비롯한 여러 가지 물건들이 놓여져 있어 약간 혼란스러웠다. 마침 해가 지고 오후 6시가 되자, 정사에서는 "저는 저의 의지처인 붓다께 귀의합니다. 저는 저의 의지처인 법에 귀의합니다. 저는 저의 의지처인 승가에 귀의합니다."[12]라는 삼귀의 서원이 은은한 소리

---

12) Buddham Saranam gacchami, Dhammam Saranam gacchami, Sangham Saranam gacchami.

부처님 상에 옷을 갈아입혀 드리고 있는 스님

보리수 밑의 금강보좌

로 흘러나왔다.

　부처님은 성불하신 뒤에도 선정에 드시어 정각을 이루신 희열
을 즐기셨는데, 그 때에도 아직 악마의 교란이 남아 있은 듯한 대목
이 보이는 바,

"이와 같이 나는 들었다. 한때 부처님께서는 우루벨라 촌 나이란자나 강가에 있는 보리수 밑에서 처음으로 바른 깨달음을 이루셨다. 그 때에 세존께서는 홀로 고요한 곳에서 골똘히 선정에 드시어 이렇게 생각하셨다.

'나는 이제 고행에서 해탈하였다. 좋구나! 나는 이제 고행에서 해탈하였다. 먼저 바른 소원을 닦아 이제는 이미 위없는 보리를 얻었다' 라고.

때에 악마 파피야스는 이렇게 생각하였다.

'지금 사문 고타마는 우루벨라 촌 나이란자나 강가에 있는 보리수 밑에서 처음으로 바른 깨달음을 이루었다. 나는 지금 가서 교란시키리라'고.

그는 젊은이로 변하여 부처님 앞에 서서 게송으로 말하였다.

'크게 고행을 닦음으로써 맑고 깨끗함 얻게 했거니

이제 도리어 그것을 버렸구나. 여기에서 또 무엇을 구하는가?

여기에서 깨끗함 구하려 하나 그 깨끗하기 얻을 길 없으리라.'

그 때에 세존께서는 이것은 악마 파피야스가 교란시키려는 것이라 생각하시고, 곧 게송으로 말씀하셨다.

'갖가지 고행을 닦는 것은 모두 다 아무런 뜻 없는 짓

마침내 아무 이익 얻지 못함 알았네. 이미 활을 퉁겨 소리 있는 것처럼.

계율과 선정, 들음과 지혜 길을 나는 이미 다 닦아 익혀

대보리정사 입구의 우측에
있는 타라 여신상

무찰린다 연못

제일가는 청정을 거기서 얻었나니 그 깨끗하기는 더할 수 없다.'

때에, 악마 파피야스는 이와 같이 생각하였다.

'사문 고타마는 이미 나의 마음을 알았다'고. 안에 근심을 품고 곧 사라져 나타나지 않았다."

〔잡아함 39: 1094 苦行經〕

라고 말씀하신 것이 그 예이다.

부다가야는 앞에서 이미 설명한 바와 같이 보리수와 대보리정사가 중심이 되는 곳이지만, 수자타 사당과 수자타 마을, 우루벨라, 나이란자나 강 및 그 곳에서 멀리 바라보이는 고행림 등 실로 뜻깊은 곳이 많다. 다음 행선지인 바라나시를 향해서 떠날 시간이 다 되었으나, 부다가야의 감회와 환희를 잊지 못하여 선뜻 발이 떨어지지 않는다.

이번 여행 중 부다가야의 호텔 로터스 닛고(Lotus Nikko)에 머물면서 저녁 식사를 위해 식당에 갔는데 우연히 삼소회(三笑會) 분들을 만났다. 비구니스님, 카톨릭 수녀, 성공회 수녀 및 원불교 교무로 구성된 삼소회 분들이 성지순례에 나서서 그 첫 번째 순례지인 불교성지에 왔다고 한다. 그러고 보니 그 전날 달라이 라마를 뵈었을 때에 한국에서 온 삼수 쏘사이어티 분들을 만나셨다고 해서 삼수 쏘사이어티가 무엇인가 했더니 바로 이분들 이야기라는 것을 알고 무척 반가웠다. 서로 다른 종교의 성직자들이 종교간의 벽을 뛰어넘어 서로 담소하고 있는 모습이 퍽 보기 좋았다.

대보리정사 가까이에 서 있는 아쇼카 석주

초전법륜과
45년간의 중생교화

"나는 이미 인간과 천상의 밧줄에서 벗어났다. 너희들도 또한 인간과 천상의 밧줄을 벗어났다. 너희들은 이제 세상에 나가 많이 제도하고 많이 이익되게 하여 인간과 하늘을 안락하게 하되, 짝지어 다니지 말고 한 사람 한 사람씩 다녀야 한다. 나도 지금 우루벨라 촌으로 가서 세간에 노닐겠다."

–잡아함 승색경 중에서

1. 초전법륜과 사르나트

부다가야에서 바라나시까지는 약 260km라는 먼 거리다. 게다가 교통사정이 좋지 않은 곳이어서, 자동차로 거의 하루가 걸린다. 나는 지난번에 부다가야에서 자동차로 약 9시간 30분이 걸려 바라나시까지 갔는데, 약 12, 3시간이 걸렸다는 분들도 적지 않았다. 이번에는 뉴델리에서 바라나시까지 직접 비행기로 갔기 때문에 퍽 수월했다. 바라나시에 간 것은 부처님께서 초전법륜(初轉法輪)하신 녹야원이 바라나시 교외의 사르나트(Sarnath)에 있기 때문이다.

부처님께서는 정각을 이루신 다음, 그 깨치신 진리가 하도 오묘불가사의한 것이어서, 설하시더라도 과연 이해할 만한 사람이 있을지가 의문스러우셨던 것 같다. 경전에서는 부처님께서 선뜻 설법에 나설 마음을 정하지 못하고 주저하시던 중, 범천(梵天)의 간곡한 권청도 있고 해서 중생제도를 위한 마음을 정하셨다고 표현되어 있다.

그 때의 상황에 관해서 증일아함의 권청품(勸請品)은 다음과 같이 전한다.

"이와 같이 들었다. 한때 부처님께서는 마가다의 도량나무 밑에 계셨다. 그 때에 세존께서는 도를 얻으신 지 오래지 않아 이렇게 생각하였다.

'내가 얻은 매우 깊은 이 법은 알기 어렵고 깨닫기 어려우며 생각하기 어려운 것이다. 번뇌가 없어진 미묘한 지혜를 가진 사람만이 깨달아 알 것이다. 이 이치를 분별하여 익히기를 게을리 하지 않으면 곧 기쁨을 얻을 것이다. 비록, 내가 사람들을 위하여 이 묘한 법을 연설하더라도 사람들이 그것을 믿고 받아 주지 않고, 또 받들어 행하지 않으면 한갓 수고롭고 손해만 있을 뿐이다. 나는 이제 차라리 침묵을 지키자. 설법할 것이 없다.'

그 때에 범천왕은 범천 위에서 여래의 생각을 알았다. 마치 사부가 팔을 굽혔다 펴는 것 같은 동안에 범천에서 내려와 세존 앞에 나타나 머리를 조아려 세존 발에 예배하고 한쪽에 서서 사뢰었다.

'이 염부제는 반드시 무너져 망하고 삼계는 눈을 잃게 되겠나이다. 여래, 끝 없이 참된 이, 다 옳게 깨달은 이께서 이 세상에 나타나시어 마땅히 법의 보배를 연설하셔야 할 것이온데, 이제 그 법을 연설하지 않으려 하시나이다. 원컨대, 여래께서는 두루 중생을 위하여 깊은 법을 널리 연설하소서. 그리고, 그 중생들의 근기는 제도하기 쉽사온데, 만일 법을 듣지 못하면 영원히 법의 눈을 잃게 되어 반드시 법에서 버려진 아들이 되고 말 것이옵니다. 비유하면, 웃팔라 꽃이나 쿠무다 꽃이나 푼다리카 꽃이 땅에서 나왔지만, 물 위에 나오지 못하여 피지 못하는 것과 같나이다. 어떤 꽃은 차차 자라려고 하지만 여전히 물에서 나오지 못하고, 어떤 것은 물 위에 나와서 물에 젖지 않는 것도 있나이다. 중생들도 그와 같아서, 근기는 이미 익었으면서도 남과 늙음과 병과 죽음에 시달려, 법을 듣지 못하고 그만 죽고 만다면 어찌 가엾지 않겠나이까? 지금이 바로 그 때이옵니다. 원컨대, 세존께서는 저들을 위하여 설법하소서.'

그 때에 세존께서는 범천왕이 생각하는 마음을 아시고 또 일체 중생들을 가엾게 여기시어 다음 게송으로 말씀하셨다.

'범천은 지금 여래에게 나와 법의 눈 열어주기 간청하나니

듣는 사람은 독실한 믿음 얻어 깊은 이 법의 요지 분별하리라.

마치 저 높은 산꼭대기에 올라 두루 중생 무리를 보는 것처럼

나 이제 이 법을 지녔나니 높은 데 올라 법의 눈을 나타내리.'

그 때에 범천은 '여래께서는 반드시 중생들을 위하여 깊고 묘한 법을 연설하실 것이다'라고 생각하고, 기뻐 뛰면서 어쩔 줄을 몰랐다. 그는 곧 머리를 조아려 부처님 발에 예배하고 천상으로 돌아갔다."

〔증일아함 10 : 19 勸請品〕

부처님께서는 진리를 설하시려고 마음을 정하셨지만, 과연 누

구를 대상으로 첫 설법을 하실 지를 생각하시다가 과거의 도반이었던 다섯 비구들을 떠올렸다. 그리고 그들이 머물고 있는 바라나시 교외의 사르나트에 있는 녹야원에 가시기로 마음을 정하셨다. 사르나트는 고요하고 주위의 환경이 좋아 많은 수행자들이 모여드는 곳이기도 했는데, 일명 수행처(Rishi Pattan)라고 부른 것도 그 때문이다.

부처님께서는 다섯 비구들에게 스스로 깨치신 진리의 바퀴를 굴리시기 위해서 가도 가도 지평선만 바라보이는 평원을 10여 일 동안 홀로 걸어서 가신 것이다. 그러한 부처님의 간곡한 뜻도 모르고, 먼 발치서 부처님께서 오시는 것이 보이자, 고행림에서 내려오셔서 수자타가 바친 우유죽을 받아 드신 당시의 싯달타 왕자가 고행에 지쳐 타락한 것으로 오해한 다섯 비구들은 부처님을 상대하지 말고 냉대하기로 합의하기까지 하였다. 하지만, 막상 부처님을 가까이에서 뵙자 그 늠름하고 자애로운 각자(覺者)로서의 자태에 자기도 모르게 머리가 수그러져 각각 일어나 자리를 권한다거나 발을 씻으실 물을 떠온다거나 하는 법석을 떨었다.

부처님께서 다섯 비구들을 처음 만나신 곳에는 네모난 차우칸디 탑(Chaukandi Stupa)이 서 있는데, 다섯 비구들에게 처음 법을 설하신 곳은 거기에서 1km 정도를 더 가야 한다. 차우칸디 탑은 원래 네모 난 탑이었는데, 뒤에 무굴제국의 아크바르(Akbar) 황제가 그의 부왕 후마윤(Humayun) 때 그 곳에서 이슬람의 난을 피했음을 감사

차우칸디 스투파

하는 마음에서 탑 위에 다시 팔각(八角)의 탑을 더 올려지어 오늘날
의 모습이 되었다고 한다. 그 곳에서 얼마를 더 가면 바로 녹야원이
다. 부처님께서는 그 곳에서 다섯 비구에게 초전법륜으로 알려진 첫
설법을 하셨는데, 그 내용은 사성제(四聖諦)와 중도(中道)에 관한 것
이었다. 증일아함의 고당품(高幢品)은 당시 초전법륜의 모습을 다음
과 같이 상세히 적고 있다. 곧,

"이와 같이 들었다. 한때 부처님께서는 마가다의 도량나무 밑에서 처
음으로 부처가 되셨다. 그 때에 세존께서는 문득 생각하셨다. '나는 이
제 이 매우 깊은 법을 얻었다. 이것은 알기 어렵고, 깨닫기 어려우며,
지극히 미묘하여 지혜로운 사람만이 깨달아 알 수 있는 것이다. 나는
이제 누구를 위하여 이 법을 설명할까? 내 법을 알 만한 사람은 누구일
까?'고. 세존께서는 다시 생각하셨다. '알라라 칼라마는 근기가 이미
익었으니 먼저 제도할 만한 사람이다. 또, 그는 내 법을 기다리고 있다'
고. 이렇게 생각하실 때에 어떤 하늘이 허공에서 사뢰었다. '알라라 칼
라마는 이레 전에 죽었나이다.'

세존께서는 다시 생각하셨다. '얼마나 애석한 일인가? 내 법을 듣지
못하고 그만 죽었구나. 만일, 내 법을 들었다면 그는 곧 해탈하였을 것
이다'고. 세존께서는 다시 생각하셨다. '그렇다면, 나는 이제 먼저 누구
에게 설법하여 해탈을 얻게 할까? 웃다카 라마푸트라를 먼저 제도하
자. 그를 위하여 설법하자. 그가 내 법을 들으면 해탈을 얻을 것이다'

고. 이렇게 생각하실 때에 다시 어떤 하늘이 허공에서 말하였다. '그는 어젯밤에 죽었나이다'고.

그 때에 세존께서는 생각하셨다. '웃다카 라마푸트라는 얼마나 애석한가? 내 법을 듣지 못하고 죽었구나. 만일 내 법을 들었다면 그는 곧 해탈을 얻었을 것이다'고.

세존께서는 다시 생각하셨다. '누가 먼저 이 법을 듣고 해탈할 것인가?'고. 그 때에 세존께서는 곰곰이 생각하셨다. '나는 저 다섯 비구의 힘을 많이 입었다. 내가 어릴 적부터 내 뒤를 늘 따랐었다. 그들은 지금 살아 있는가?'고. 세존께서는 곧 하늘눈으로 그 다섯 비구가 있는 곳을 관찰하여 보셨다. 그들은 바라나시의 선인이 살던 사슴동산에 있었다. '나는 이제 가서 저들을 위하여 먼저 설법하리라. 그들은 내 법을 들으면 반드시 해탈할 것이다'고.

그 때에 세존께서는 이레 동안 보리나무를 물끄러미 바라보시면서 눈 한번 깜짝이지 않으셨다. 세존께서는 곧 다음 게송을 읊으셨다.

'나는 지금까지 이 자리에 앉아 나고 죽음의 괴로움을 겪다가
기어코 지혜의 도끼를 잡아 나고 죽는 그 뿌리 아주 잘랐다.
하늘의 왕은 여기 이르러 온갖 마군과 원수의 무리들을
방편으로 항복받고는 해탈의 갓을 쓰게 하였다.
나는 지금까지 이 나무 밑의 금강 평상에 고요히 앉아
일체를 아는 지혜를 얻어 마침내 걸림 없는 지혜에 이르렀다.
나는 지금까지 이 나무 밑에 앉아 나고 죽음의 괴로움을 보고는

그 근본을 이미 끊었거니 늙음과 병도 영원히 없어졌네.'

세존께서는 이 게송을 마치시고 곧 자리에서 일어나시어 바라나시로 가시려 하셨다. 그 때에 범지[13] 우파카는 멀리에서 세존의 광명이 해와 달보다 더 밝은 것을 보고 세존께 사뢰었다. '고오타마 스승께서는 지금까지 살아계셨나이까? 누구를 의지하여 집을 떠나 도를 배웠으며, 항상 즐거이 어떤 법을 연설하시나이까? 어디에서 와서 어디로 가시려 하시나이까?'

세존께서는 다음의 게송으로 그 범지에게 말씀하셨다.

'나는 지금 아라한 되어 세상에서 뛰어나 견줄 이 없다.

천상과 또 이 인간에서 가장 높은 이가 되었다.

또 내게는 스승도 없고 나와 더불어 같을 이 없거니

홀로 높으매 견줄 이 없고 싸늘하거니 따뜻한 기운 없다.

나는 지금 법바퀴 굴리기 위하여 저 카시로 가려 하나니

거기에서 이 단이슬 약으로써 눈멀고 어두운 이 깨우치려네.

저 바라나시 나라 카시 국왕이 가진 그 나라

다섯 비구가 사는 곳에서 미묘한 법을 말하려 하네.

그리하여 그들이 도를 빨리 이루고 온갖 번뇌 사라진 신통을 얻어

나쁜 법의 근본을 없애려 하네. 그러므로 나는 가장 훌륭하니라.'

---

13) 범사(梵士)라고도 한다. 정행(淨行)이라 번역, 바라문의 생활 가운데 제1기로서 8세부터 16세, 혹 11세부터 22세까지 종성(種性)에 따라 제각기 다른데, 스승에게 가서 수학하는 이를 말한다.

그 범지는 찬탄하면서 머리를 숙이고 합장한 뒤에, 손가락을 퉁기고 빙그레 웃으면서 발길을 돌려 떠났다.

세존께서는 바라나시로 가셨다. 때에 다섯 비구들은 멀리에서 세존께서 오시는 것을 보고 서로 의논하였다.

'저 사문 고타마가 멀리에서 온다. 생각은 어지럽고 마음은 온전하지 못하다. 우리는 말도 말고, 일어나 맞지도 말고, 또 앉기를 청하지도 말자.'

그 다섯 비구들은 다음 게송으로 말하였다.

'저이는 존경할 사람 아니다. 그러므로 서로 대하지 말고

잘 왔다고 인사도 하지 말고, 자리에 앉기를 청하지도 말자.'

다섯 비구들은 이 게송을 마치고, 모두 잠자코 있었다. 세존께서는 다섯 비구들이 있는 곳으로 나아가 차차 가까이 가셨다. 때에 다섯 비구들은 저도 모르게 일어나 맞이하면서 혹은 자리를 펴고, 혹은 물을 가지고 왔다. 세존께서는 곧 자리에 앉아 생각하셨다. '이 어리석은 사람들은 끝내 제 본성을 온전히 가지지 못하였구나' 고. 다섯 비구들은 세존을 '그대' 라고 불렀다.

그 때에 세존께서는 말씀하셨다.

'너희들은 위 없는 아라한, 다 옳게 깨달은 이를 가볍게 보지 말라. 왜 그런가 하면, 나는 이미 위 없는 아라한, 다 옳게 깨달음을 이루어 단이슬의 착한 법을 얻었다. 생각을 오로지 하여 내 설법을 들어라.'

다섯 비구들은 사뢰었다.

'고타마는 본래 고행할 때에도 상인의 법을 얻지 못하였거늘, 하물며 지금 그 어지러운 마음으로 어떻게 도를 얻었다고 말하는가?'

세존께서는 말씀하셨다.

'어떻게 생각하는가? 이 사람들아! 너희들은 전에 내가 거짓말을 하는 것을 들은 일이 있는가?'

'아니오, 고타마님!'

세존께서는 말씀하셨다.

'여래, 다 옳게 깨달은 이는 이미 단이슬 법을 얻었다. 너희들은 모두 마음을 온전히 하여 내 설법을 들어라.'

때에 세존께서는 곧 생각하셨다. '나는 저 다섯 사람들을 항복받을 수 있다'고. 세존께서는 다섯 비구들에게 말씀하셨다.

'너희들은 알라. 네 가지 진리가 있다. 어떤 것이 넷인가? 괴로움, 괴로움의 원인, 괴로움의 사라짐, 괴로움에서 벗어나는 진리이다.

괴로움의 진리란 이른바, 남의 괴로움, 늙음, 병, 죽음의 괴로움과 근심, 슬픔, 번민, 걱정의 괴로움으로서, 이루 셀 수 없으며, 미운 이와 만나는 괴로움, 사랑하는 이와 헤어지는 괴로움, 구해서 얻지 못하는 괴로움이니, 통틀어 말하자면 다섯 쌓임의 괴로움이다. 이것을 괴로움의 진리라 하느니라.

괴로움의 원인의 진리란 이른바, 느끼고 사랑하는 것을 쉼 없이 자꾸 모아 항상 탐내고 집착하는 것이니, 이것을 괴로움의 원인의 진리라 하느니라.

괴로움의 사라짐의 진리란 이른바, 애욕을 남김없이 모두 없애어 다시 나지 않게 하는 것이니, 이것을 괴로움의 사라짐의 진리라 하느니라.

괴로움에서 벗어나는 진리란 이른바, 바른 소견, 바른 다스림, 바른 말, 바른 행위, 바른 생활, 바른 방편, 바른 생각, 바른 선정 등 성현의 여덟 가지 길이다. 이것을 네 가지 진리라 하느니라.' …"

〔증일아함 14 : 24 高幢品 1〕[14]

다섯 비구를 상대로 한 초전법륜으로 부처님께서 반열반에 드시기까지의 45년간에 걸친 중생교화와 제도의 긴 여정(旅程)이 시작된 것이다.

2. 녹야원

사르나트의 녹야원에는 많은 소중한 유적들이 있다. 중심되는 유적은 부처님께서 초전법륜하신 것을 기념하기 위해서 그 자리에 세워진 다메크 탑(Dhamek Stupa)[15]인데, 5, 6세기 경에는 법륜탑(Dharma Chakra)이라고 불렸다고 한다. 이 탑은 직경이 28m요, 높

---

14) 잡아함 15 : 379 전법륜경 참조.
15) 탑(stupa)에는 세 가지 종류, 곧 사라탑(relic stupa), 기념탑(commemmorative stupa) 및 서원탑(votive stupa)의 세 가지가 있다.

사르나트의 녹야원 터에 있는 디메크 스투파

다메크 스투파를 덮고 있는 정교한 부조벽돌

이가 32m에 이르는 거대한 원형탑인데, 꼭대기 부분은 미완성인 것으로 추정된다. 탑신(塔身)은 연꽃 등의 정교한 조각으로 장식되고, 탑신을 둘러 여덟 군데에 부처님 상을 모셨던 자리가 남아 있을 뿐이다. 다메크 탑 주변에는 독경을 하거나 명상에 잠긴 사람, 만트라를 외우면서 탑돌이를 하는 사람, 연거푸 오체투지를 하는 티베트 사람들과 신기한 시선으로 여기 저기 둘러보는 서양 관광객들로 붐비고 있다.

거기에도 아쇼카 대왕이 세운 석주(石柱)가 있는데, 그 석주는

아쇼카 석주

112

물간드 쿠티 정사 자리

원래 16m 높이의 것이었으나, 오랜 세월을 지나는 동안에 세 토막으로 부러져 그 곳에 보존되어 있는 것은 맨 아래 부분의 것이고, 석주 위에 올린 네 방향의 법륜과 각 법륜 위의 네 마리 사자상은 녹야원 바로 건너편에 있는 사르나트 박물관에 보존되어 있다.

다메크 탑 뒤로는 꽤 넓은 곳에 많은 정사(精舍: monastery)들의 유적이 있는데, 당시의 모습을 연상하기에 족하다. 그 가운데 특기할 만한 것은 물간드 쿠티 정사(Mulgandh Kuti Vihara) 자리이다. 부

새로 지은 물간드 쿠티 정사

처님을 위해서 바라나시의 장자가 지었다는 정사는 부처님께서 주로 머무시고 좌선하시는 곳으로 쓰였다고 한다. 원래 60m 높이였다는 당시의 모습은 연상하기조차 어려울 정도로 폐허가 되어 벽돌

유적만 남아있을 뿐인데, 그 자리를 아는 많은 순례자들이 들러 예를 올린다. 특히, 태국 순례자들은 금박지(金箔紙)를 가져와서 부처님께서 자주 앉으셨다는 곳의 벽돌에 붙이고 가는 예가 많은데, 오히려 성소(聖所)를 더럽히는 소행 같아 언짢았다.

필자는 가지고 간 향을 사르고 삼배를 올리면서 마음속으로나마 그 곳에 머무셨을 당시의 부처님을 그려보았다. 이 물간드 쿠티 정사를 되살리기 위한 뜻에서 스리랑카의 불교계가 합심하여 새로이 지은 것이 다메크 탑 가까이에 있는 오늘날의 물간드 쿠티 정사이다. 이 정사 안에는 저 유명한 최초의 부처님 설법상을 모조한 금불상이 모셔져 있는데, 원래의 황금 설법상은 사르나트 박물관에 따로 보존되어 있다. 정사의 건물양식이 매우 특이한데, 일본 건축가가 설계했다고 한다.

끝으로, 매우 인상적인 것은 부처님께서 다섯 비구들을 앞에 두시고 초전법륜하시는 모습을 조성하여 놓은 곳이다. 물론, 상상해서 새로이 만든 상이지만, 초전법륜의 광경을 짐작하기에 족하다. 그 앞과 옆에는 산스크리트어본, 팔리어본, 한역본 등의 잡아함 중 전법륜경(轉法輪經)을 석판이나 동판에 새겨 둘러쳐 놓았는데, 매우 뜻있는 일로 여겨졌으나, 한글본이 없는 것이 못내 아쉬웠다.

전법륜경은 "이와 같이 나는 들었다. 한때 부처님께서는 바라나시의 선인이 살던 곳 녹야원에 계셨다. 이 때에 부처님께서는 다섯 비구들에게 말씀하셨다."로 시작하여 "세존께서 바라나시의 선

DHAMMA CHAKKA PAVATTANA SUTTA
(THE WHEEL OF LAW)
THE FIRST SERMON OF THE SAKYAMUNI BUDDHA DELIVERED AT THE ISIPATANA DEER PARK SARNATH
PALI (ENGLISH SCRIPT)
ENGLISH TRANSLATION
SADHU!
SADHU!!
SADHU!!!

초전법륜상과 경판

인이 살던 녹야원에서 법 바퀴를 굴리셨기 때문에 이 경을 전법륜경이라 부른다. 부처님께서 이 경을 말씀하시자, 여러 비구들은 부처님의 설하신 바를 듣고, 기뻐하며 받들어 행하였다."로 끝맺는 경으로, 사성제(四聖諦)에 관한 말씀이 주된 내용을 이룬다.

부처님께서는 녹야원에서 먼저 다섯 비구를 교화하신 다음, 그곳 바라나시에 살던 장자의 아들 야사(Yasa)를 교화하시고 야사를 따라 부처님께 귀의한 50여 명의 젊은이들을 교화하심으로써 60명의 승가(Sangha)가 이루어지자, 모두 중생제도에 나서도록 하셨다. 드디어, 승가를 주축으로 폭넓은 중생제도가 시작된 것인 바,

"이와 같이 나는 들었다. 한때 부처님께서는 바라나시 국 신선이 살던 녹야원에 계시면서, 여러 비구들에게 말씀하셨다.

'나는 이미 인간과 천상의 밧줄에서 벗어났다. 너희들도 또한 인간과 천상의 밧줄에서 벗어났다. 너희들은 이제 세상에 나가 많이 제도하고 많이 이익되게 하여 인간과 하늘을 안락하게 하되, 짝지어 다니지 말고 한 사람 한 사람씩 다녀야 한다. 나도 지금 우루벨라 촌으로 가서 세간에 노닐겠다.' …"

〔잡아함 39: 1096 繩素經 중에서〕

라고 말씀하신 것이 곧 그것이다. 부처님의 가르침이 이때부터 널리 세상에 퍼지게 되었고, 불교라는 종교가 탄생한 것이다.

일명 베나레스(Benares)로 불리는 바라나시는 사르나트에서 약 10km 떨어진 도시인데, 부처님 당시에는 카시(Kasi)에 속했던 곳으로 일찍이 교역이 발달하고 직조술(織造術)이 뛰어나 경제적으로 윤택하고 장자가 많은 곳이다. 바라나시의 베(織布)는 지금도 섬세하기로 명성이 높다. '바라나시'라는 이름은 바루나 강(Varuna R.)과 아시 강(Asi R.)이 만나는 사이에 있는 도시라고 해서 두 강 이름을 붙여 바라나시라고 한다는 것이다.

옛날의 문물은 주로 강을 끼고 발달한 것이기 때문에 이들 두 강이 큰 강가 강과 만나는 곳에 있는 바라나시가 발달한 것은 매우 자연스러운 일이라고 하겠다. 흔히, 인도에는 네 군데의 수도가 있다고들 하는데, 정치의 수도는 뉴델리요, 경제의 수도는 뭄바이고, 문화의 수도는 칼카타며, 종교의 수도는 바라나시라고 한다. 그만큼, 바라나시는 정신생활의 본고장으로 받들어지고 있는 곳이다.

따라서 그 곳 사람들의 자부심은 매우 높다. 바라나시가 종교의 수도로까지 일컬어지는 것은 불교의 발상지이자, 힌두교의 성지로 여기고 있기 때문이다. 그 곳 사람들은 불교는 바라나시에서 시작된 것이라고 주저없이 말하는데, 부처님께서는 부다가야에서 깨달음을 이루셨지만, 그 깨치신 바를 바라나시의 외곽인 사르나트의 녹야원에서 최초로 설하셨고, 그 곳에서 처음으로 승가(僧伽: Sangha)가 구성되었다는 것이다.

　필자는 이번 바라나시 방문 길에 뜻하지 않은 기쁜 일을 맞았는데, 그것은 전혀 생각조차 하지 않았던 달라이 라마를 다시 만나 뵙게 된 일이다. 뉴델리에서 바라나시행 비행기를 기다리는데, 인도의 국내선 비행기가 대개 그러한 것처럼 30분을 연발하게 되었다. 그만하면 준수한 편이어서, 불평없이 라운지에서 기다리다 비행기에 몸을 실은 지 약 1시간 30분 만에 바라나시에 도착했다.

　도착시간이 늦어졌으니 모든 예정시간이 그만큼 뒤로 미루어진 것은 당연한 일이다. 호텔에서 간단한 점심을 들고 조금 쉰 다음, 녹야원이 있는 사르나트를 향해서 떠났다. 그런데, 바라나시 교외인 사르나트에 들어서서 얼마를 가자, 길의 양편에 많은 티베트 스님들과 티베트 사람들이 나와 서 있는 것이 눈에 띄었다. 안내자를 시켜 사연을 알아보니 곧 달라이 라마께서 지나가신다는 것이다.

　안내자의 설명이 채 끝나기도 전에 달라이 라마 일행을 태운 몇 대의 흰 자동차가 우리를 스치고 지나갔다. 나는 그날 밤 달라이 라마께서 그 곳에 있는 티베트 대학(Central Institute of Higher Tibetan Studies)[16]의 귀빈관에서 묵으신다는 것을 알고, 달라이 라마의 수석 비서관인 텐징 탁라(Tenzin Taklha)와 연락이 되어 다음날 아침에 달

---

16) 그 곳의 티베트 대학은 학사, 석사학위를 수여하는 정규대학으로 현재 450명의 학생이 그 대학에서 공부하고 있는데, 비교적 넓은 공간에 만들어진 조용한 분위기의 대학으로 보였으며, 주된 재정은 인도정부가 지원한다는 것이다.

새벽 강가 강에서 목욕하려는 사람들

120

라이 라마를 다시 뵈올 수 있는 기회를 갖게 된 것이다.

약 1년 2개월 만에 다시 뵙는 달라이 라마께서는 무척 반가워하시면서 예정에 없이 이처럼 만나는 것도 모두 인연으로 인한 것임을 강조하셨다. 그렇다. 비행기가 30분 연착됨으로써 뜻밖에 달라이 라마를 친견하고, 잠시나마 환담을 나눌 수 있게 되었으니, 이야말로 인연 외에 달리 설명할 길이 있겠는가!

바라나시에 가본 사람은 거의 예외 없이 새벽의 강가 강(Ganga R.)을 둘러보게 된다. 널리 알려진 바와 같이 힌두교도들에게 강가 강, 특히 바라나시 남쪽을 흐르는 강가 강은 신성한 강으로, 그 강물에서 해가 떠오르기 전의 새벽에 목욕을 하면 모든 부정을 씻어내고 악행(惡行)의 과보가 정화된다고 믿고 있다. 그뿐만 아니라, 죽은 사람의 시신(屍身)을 그 강물에 묻혀 화장한 뒤 그 재를 그들이 신성시하는 강가 강의 물에 띄우면 살았을 때 지은 죄가 면해져 좋은 곳에 난다고 믿고 있다. 그 때문에, 강가 강, 특히 바라나시의 강가 강의 새벽은 해가 떠오르기 전에 물에 들어가 목욕하려는 사람들로 장관을 이룬다.

수많은 사람들이 강가 강 언저리에 들어가 목욕하고, 머리 감고, 심지어 그 물로 양치질을 하는 모습이 우리로서는 도무지 이해할 수 없는 일이지만, 그들로서는 신성하기 짝이 없는 행사인 것이다. 더욱이, 그처럼 수많은 사람들이 목욕을 하고 있는 곳에서 100m도 채 되지 않는 상류에는 강가에 노천화장장이 있어서 장작

더미 위에 시체를 올려놓고 화장을 하고, 화장이 끝나면 모든 것을 강물에 쓸어 넣는다. 그러한 일이 쉴 사이 없이 반복되고 있다.

그러니, 그들의 머리 속에는 삶과 죽음이 공존하고 있는 셈이다. 이와 같은 생각은 부처님 당시 아니 그보다 훨씬 전부터 바라문교에서 내려온 종교적 관습인데, 부처님께서는 그러한 미신을 적극적으로 배척하셨다. 곧, 부처님께서는 이른바 신성한 강물에서 목욕하면 모든 악이 제거되고 청정해진다는 관습은 마땅히 버려야 할 것임을 강조하신 대표적인 경의 말씀을 보면,

"이와 같이 나는 들었다. 한때 부처님께서는 코살라 국의 세간에 노니시면서 순다리카 강 곁의 숲 속에 계셨다. 때에 순다리카 강 곁에 사는 바라문은 부처님께 나아가 문안하고 위로한 뒤에 한쪽에 물러앉아 사뢰었다.

'순다리카 강에 가셔서 목욕하시렵니까?'

부처님께서는 바라문에게 말씀하셨다.

'순다리카 강에 가서 목욕하여 무엇 하겠느냐?'

바라문은 부처님께 여쭈었다.

'고타마시여! 순다리카 강은 제도하는 강이요, 상서로운 강이며, 청정한 강입니다. 만일, 거기에서 목욕하면 사람의 모든 악을 다 없앨 수 있나이다.'

그 때에 세존께서는 곧 게송으로 말씀하셨다.

사람들이 서 있는 곳이 화장장이다

'순다리카 강이나 바후카 강이나 가야 강이나 사라사티 강이나

그런 여러 강들은 온갖 악하고 착하지 않은 것을

능히 청정하게 할 수 없나니

강가 강이나 바후카 강이나 순다리카 강들은

어리석은 이 언제나 그 속에 살아도 그 많은 죄악 없앨 수 없네.

그가 청정한 사람이라면 구태여 목욕하여 무엇 하며

그가 청정한 사람이라면 우파바사타[17]는 하여서 무엇 하리.

깨끗한 업으로써 스스로 깨끗이 하는 것

그것은 살생도 도둑질도 하지 않고 음행하지 않고 거짓말 하지 않기

받들어 가지는 그것이니라.

믿는 마음으로 보시 행하여 인생의 때를 벗고 거기에서 목욕하고

일체의 모든 중생들을 대하여 언제나 자비스런 마음을 일으키면

우물물로 목욕해도 그만이거니 구태여 가야의 강물은 무엇하리.

안으로 그 마음 청정하면 바깥을 씻을 필요 없나니

천하고 낮은 시골 아이들 그 몸에 더러운 때 많아서

물로 먼지를 씻는다 해도 그 마음은 깨끗하게 할 수 없느니라.'

그 때에 순다리카 강변의 바라문은 부처님 말씀을 듣고 기뻐하고 기뻐하면서 자리에서 일어나 떠나갔다."

〔잡아함 44: 1185 孫陀利經 (2)〕

---

17) 우포사다, 포사다, 우파바사타, 우파바사: 포살로 번역. 동일지역 내의 비구들이 보름마다 모여서 행위를 반성하고 죄가 있으면 고백하고 참회하는 행사.

라고 되어 있다. 위의 경에서 우리는 부처님의 가르침이 얼마나 합리적이고, 당시의 몽매한 생각을 뛰어넘은 것인지를 짐작할 수 있다. 만일, 성수(聖水)라는 물에 들어가 목욕하는 것이 그처럼 좋은 일이라면, 물고기가 제일 먼저 좋은 데로 가야 할 일이다. 아무튼, 오늘날까지도 강가의 화장장에는 화장의 차례를 기다리는 시신이 늘어서 있고, 그 바로 아래에서는 강가 강의 성수에서 목욕하는 사람들로 붐비고 있으니, 종교적 관습이란 수천년을 두고도 고쳐지기 어려운가 보다. 한편 삶이나 죽음은 하나의 과정 정도로 받아들이고 있는 이들에게는 눈만 뜨면 '빨리 빨리' 와 '더 많이'를 추구하는 우리의 생활태도가 오히려 이해하기 어려울 것이다.

　　여기에 한 가지 더 덧붙일 것은 인도 사람들의 뿌리 깊은 신앙심이라 해야 하나, 미신이라고 해야 하나, 우리가 이해할 수 없는 점이 있다. 강가 강 가에 있는 재래식 화장장 바로 옆에는 강가 강의 오염과 위생문제를 염려한 인도정부에서 세운 현대적인 옥내화장시설이 있다. 그런데도 사람들은 강변에서 비위생적으로 이루어지는 재래식 화장을 선호하고, 오랜 차례를 기다려서라도 강가 강변의 장작더미 위에서의 화장을 원한다는 것이다. 나는 처음에는 옥내화장시설의 이용료가 비싸기 때문인 것으로 알았다. 그러나 알고 보니, 재래식 화장 비용이 현대식 화장장을 이용하는 것에 비해서 근 10배 비싸지만, 사람들은 재래식 화장을 선호하고 고집한다는 것이다.

4. 라지기르

부처님께서는 위에서 본 승색경(繩索經)에서 말씀하신 바와 같이 몸소 우루벨라(Uruvela)로 가시어 가섭 3형제를 제도하시어 그들과 그들을 따르던 1,000명의 귀의를 받으신 다음, 수행 초기의 빔비사라 왕과의 약속을 생각하시어 다시 라지기르를 찾으셨다. 마하 카샤파는 당시의 마가다 국에서 이름난 바라문의 지도자로서 500명의 제자를 거느리고 우루벨라에 머물고 있었다. 그러한 마하 카샤파가 부처님 가르침의 깊은 뜻과 위덕을 숭모(崇慕)해서 부처님께 귀의하게 되자, 그의 제자들 또한 스승을 따라 부처님께 귀의했다. 마하 카샤파의 두 아우도 바라문의 지도급 인사로, 각각 300명과 200명의 제자를 두고 있었는데, 그들의 형 마하 카샤파가 부처님께 귀의하자, 형을 따라 모두 불도에 귀의하게 된 것이다.

왕사성(王舍城)으로 더 알려진 라지기르(Rajgir)는 부처님께서 슈라바스티(Savatthi) 다음으로 오랫동안 머무신 곳으로, 도처에 부처님 발자취가 남아 있다. 그 곳에는 부처님께 귀의하여 열렬한 후원자였던 빔비사라 왕이 지어드린 죽림정사(竹林精舍) 터를 비롯하여, 마하 가섭 존자와의 일화인 염화시중(拈華示衆)의 장소로 유명한 영취산(靈鷲山), 데바닷다가 바위를 굴리고 술 취한 코끼리를 풀어 부처님을 해치려 한 곳, 부처님의 어금니를 모신 것으로 추정되는 아자타샤트루 탑, 아자타샤트루 왕자가 데바닷다의 꼬임에 빠져 왕위

죽림정사 터인 대나무 동산

를 찬탈하기 위해서 부왕인 빔비사라 왕을 가두어 죽인 빔비사라 감옥 터 및 부처님께서 반열반 하신 약 100일 뒤에 마하 카샤파를 주축으로 오백 아라한이 모여 부처님의 가르침을 결집한 칠엽굴 등 이루 헤아릴 수 없이 많은 유적들이 있다.

라지기르는 인도에서는 드물게 영취산 등 다섯 개의 산으로 둘러싸인 마가다 국의 수도였는데, 당시의 사정으로는 외적의 침입으

영취산 정상에 있는 독수리 모양의 바위

로부터 왕도를 지키기에 매우 편리했을 것으로 짐작된다. 우리에게
잘 알려진 죽림정사는 앞서 밝혔듯이 부처님께 귀의하여 독실한 믿
음을 가졌던 빔비사라 왕이 부처님을 위해서 지어드린 정사(精舍)로,
부처님께 12차례의 안거를 보내실 정도로 즐겨 머무신 곳이다.

지금은 대나무 동산과 연못이 있을 뿐, 당시의 죽림정사 자리에
는 힌두교의 묘비가 서 있고 정사의 흔적조차 찾을 길이 없다. 주변

의 상황이나 무성한 대나무들로 보아 꽤 큰 규모의 정사를 그저 짐
작할 뿐이다. 그 곳에는 제법 넓은 연못이 있는데, 부처님께서도 이
곳에서 자주 목욕을 하셨다고 한다. 죽림정사 터를 돌다보니 그 곳
에서 빔비사라 왕과 뒤에 회개하고 부처님께 귀의한 아자타샤트루
왕에게 설법하시는 부처님의 모습이 눈앞에 선하다.

　　영취산(Gijjhakuta)은 죽림정사 터에서 자동차로 10여 분의 거리
에 그 입구가 있다. 거기에서부터는 걸어서 올라가야 하는데, 인도
의 여느 곳과는 달리 제법 산다운 산이 연달아 있는 곳이다. 영취산
이라는 이름은 정상에 있는 바위들이 마치 날개를 펴고 날아오르려
는 독수리의 형상을 하고 있다고 해서 붙여진 것이라고 하는데, 정
상 가까이에 있는 샤리푸트라(舍利弗)와 마하 카샤파(摩訶迦葉)가 수
행하였다는 암굴들과 정상의 설법좌는 비교적 잘 보존되어 있다. 두
존자가 수행한 각각의 암굴 속에는 많은 참배객들이 켠 촛불과 분향
으로 천정의 바위는 까맣게 그을려 있지만, 부처님의 10대제자(十大
弟子)인 이들 존자들의 지극한 수행의 모습과 체취(體臭)가 느껴지는
듯하여 선뜻 발길이 떨어지질 않는다.

　　잘 알려진 바와 같이 샤리푸트라는 그와 절친한 사이인 목갈라
나(目犍連)와 함께 원래 육사외도(六師外道)의 하나인 산자야의 제자
였다. 그는 스승의 가르침에 미심한 점이 많아 불만이 있던 중 부처
님의 가르침을 접하고 위대한 깨달음에 심복하여 부처님께 귀의한
후, 부처님의 제자들 가운데 지혜제일(智慧第一)로 불리며 부처님의

영취산 정상 가까이에 있는 사리불이 수행한 암굴

사리불이 수행한 암굴 가까이에 있는, 마하가섭이 수행한 암굴

오른팔 역할을 하던 존자이다.

마하 카샤파는 앞에서 설명한 바와 같이 원래 바라문의 큰 지도자였으나, 부처님의 위덕을 숭앙해서 그의 두 아우인 나디 카샤파와 가야 카샤파와 더불어 그들의 제자 1,000명과 함께 부처님께 귀의하였다. 그는 뛰어난 두타행(頭陀行)으로 부처님 제자들 가운데 두타제일(頭陀第一)로 알려진 존자인데, 뒤에 부처님께서는 마하 카샤파와 아난다 존자에게 법을 부촉하시기까지 하셨다. 나는 마하 카샤파 존자의 암굴 속에 들어가 분향하고 잠시 가부좌하고 앉아 그 때의 모습을 연상하여 보았다.

영취산 정상의 설법처

　　영취산의 정상에는 부처님의 설법처가 있는데, 네모가 반듯하게 잘 꾸며져 있고, 참배자들의 발걸음이 끊이질 않는다. 산정에서 내려오는 길의 중간쯤 되는 곳에서 안내자는 필자를 돌아보면서, 바로 저 위에서 데바닷다가 이 길을 오르시는 부처님을 해치려고 큰 바위를 굴려 떨어트렸으나 도중에 그 바위가 깨지고 말았는데, 깨진 바위 조각 하나가 부처님 발에 상처를 입혔다고 일러 준다. 거기에서 한참을 내려와 자동차에 몸을 싣고 조금 더 가니 벽돌로 모나게 둘러친 곳이 나오는데, 그 곳이 바로 아자타샤트루 왕자가 데바닷다의 꼬임에 넘어가 왕위를 찬탈하기 위해서 부왕을 가두어 죽인 감옥

데바닷다가 바위를 굴려 떨어트린 곳

자리라고 한다.

자동차가 라지기르 시내에 가까워지자 인도인 안내자는 차를 세웠다. 그 곳이 바로 아자타샤트루 왕과 데바닷다가 사나운 코끼리에게 술을 먹여 취하게 한 다음, 탁발하러 오시는 부처님 앞에 풀어 놓아 부처님을 해치려 하였으나, 끝내 뜻을 이루지 못한 곳이라고 설명하였다. 참으로 어리석고 가엾은 자들의 소행이라고 밖에는 말할 길이 없다. 그 때의 상황에 대해서 증일아함의 목우품(牧牛品)은 다음과 같이 전하고 있다.

"… 그 때에 데바닷다는 다시 이렇게 생각하였다. '사문 고타마가 신통이 있으면 나도 신통이 있다. 사문 고타마가 아는 것이 있으면 나도 아는 것이 있다. 사문 고타마가 귀족이면 나도 귀족이다. 만일, 사문 고타마가 한 가지 신통을 나타내면 나는 두 가지를 나타낼 것이다. 사문이 두 가지를 나타내면 나는 네 가지를 나타낼 것이요, 그가 여덟 가지를 나타내면 나는 열여섯 가지를, 그가 열여섯 가지를 나타내면 나는 서른 두 가지를 나타낼 것이다. 그리하여 그가 나타내는 변화를 따라 나는 자꾸 곱을 나타낼 것이다.'

그 때에 많은 비구들은 데바닷다의 이 말을 들었다. 그 중의 오백여 비구들은 데바닷다에게로 갔다. 그리하여, 데바닷다와 그 오백 비구들은 태자의 공양을 받았다. 때에 샤리푸트라와 목갈라나는 서로 의논하였다. '우리 저 데바닷다에게 가서 그의 설법을 들어보자. 그는 어떠한 것을 주장하는가?' 그들은 함께 데바닷다에게로 갔다. 그 때에 데바닷다는 멀리에서 샤리푸트라와 목갈라나가 오는 것을 보고 곧 그 비구들에게 말하였다.

'저 두 사람은 모두 싯달타의 제자이다.' 하고 매우 기뻐하였다.

샤리푸트라와 목갈라나는 거기에 가서 서로 문안하고 한쪽에 앉았다. 때에 다른 비구들은 모두 생각하였다. '석가모니 부처의 제자들이 모두 데바닷다에게로 왔다.'

그 때에 데바닷다는 샤리푸트라에게 말하였다.

'너는 지금 비구들을 위하여 설법할 수 있겠는가? 나는 조금 쉬고 싶다. 또, 나는 등병을 앓고 있다.'

그는 다리를 포개고 오른쪽으로 누워 흐뭇한 마음으로 잠이 들었다.

샤리푸트라와 목갈라나는 데바닷다가 잠든 것을 보고, 곧 신통력으로 비구들을 모아 데리고 공중을 날아 돌아갔다. 이 때에 데바닷다는 잠을 깨어 비구들이 보이지 않자 잔뜩 화를 내어 이러한 말을 뱉았다. '내가 만일 원수를 갚지 못하면 데바닷다가 아니다.' 이것은 데바닷다가 최초로 오역죄를 범한 것이다. 그가 이와 같이 생각하자, 곧 신통을 잃었다.

그 때에 비구들은 세존께 사뢰었다.

'데바닷다 비구는 아주 신통이 있어 우리 성중 교단을 무너뜨리나이다.'

세존께서는 말씀하셨다.

'데바닷다는 단지 지금 성중만을 무너뜨리는 것이 아니다. 지난 세상에서도 성중을 무너뜨렸다. 그 내력을 말하면, 과거에도 성중을 무너뜨렸고, 또 악한 생각을 내어 '나는 기어코 사문 고타마를 죽이고 삼계에서 부처가 되어 홀로 높아 짝할 이 없이 되리라'고 하였느니라.'

이 때에 데바닷다는 아자타샤트루 태자에게 말하였다.

'옛날 사람들은 수명이 매우 길었지만, 지금은 짧아졌습니다. 만일 왕태자로서 하루아침에 목숨을 마친다면 이 세상에 헛되이 난 것이 되고 말 것입니다. 그런데 왜 부왕을 해쳐 성왕의 자리를 이어받지 않으십니까? 나는 여래를 해치고 부처가 될 것이니, 그 때에는 새 왕과 새 부처로서 얼마나 유쾌하겠습니까?'

그 때에 아자타샤트루 태자는 곧 문지기를 보내어 부왕을 잡아 감옥에 가두고, 스스로 왕이 되어 나라를 다스렸다. 때에 신하들은 저희끼리 이야기 하였다.

'저 아들은 태어나지 않은 것이 좋았으리니, 원한을 품은 아들이다.' 그러한 뜻에서 아자타샤트루 왕이라 이름 지었다. 때에 데바닷다는 아자타샤트루 왕이 그 부왕을 가두는 것을 보고 다시 생각하였다. '나도 기어코 사문 고타마를 잡아 죽이리라.'

그 때에 세존께서는 그리드라쿠타 산의 한 작은 산 옆에 계셨다. 데바닷다는 그리드라쿠타 산으로 가서 길이 삼십 주, 넓이 십오 주 되는 돌을 들고 세존을 향하여 던졌다. 이 때에 그 산의 산신 쿰비이라는 그 산에 있다가 데바닷다가 돌을 안고 부처님을 치는 것을 보고 곧 손을 펴서 온 몸으로 덮었다. 그 때, 부서진 돌 한 조각이 여래의 발에 상처를 입혀 피가 흘렀다. 그 때에 세존께서는 데바닷다를 보고 말씀하셨다.

'너는 지금 나쁜 생각을 내어 여래를 해치려 하는구나.'

그것은 두 번째의 오역죄였다.

그 때에 데바닷다는 다시 생각하였다. '나는 끝내 사문 고타마를 죽이지 못하였다. 다시 방편을 구하리라.' 하고 거기에서 떠났다.

그는 아자타샤트루 왕에게 가서 사뢰었다.

'저 검은 코끼리를 취하도록 술을 먹여 사문을 해치게 하십시오. 왜냐하면, 저 코끼리는 몹시 사나워 반드시 사문 고타마를 해칠 수 있을 것입니다. 그리고, 만일 저 사문이 많은 지혜가 있다면 반드시 내일은 성에 들어와 걸식하지 않을 것이요, 많은 지혜가 없다면 틀림없이 성에 들어와 걸식하다가 저 사나운 코끼리에게 죽을 것입니다.'

아자타샤트루 왕은 곧 코끼리에게 독한 술을 먹여 취하게 하고, 온 나라 백성에게 영을 내렸다.

'편하고 싶고 목숨을 아끼는 자는 내일은 성안을 다니지 말라.'

그 때에 세존께서는 때가 되어 가사를 입고 바리를 가지시고 라지기르 성에 들어가시어 걸식하셨다. 그런데, 그 나라의 남녀노소와 사부대중들은 아자타샤트루 왕이 코끼리에게 술을 먹여 여래를 해치려 한다는 말을 듣고, 곧 서로 이끌고 세존께 나아가 머리를 조아려 그 발에 예배하고 사뢰었다.

'원컨대, 세존께서는 라지기르에 가서서 걸식하지 마소서. 왜 그런가 하오면, 아자타샤트루 왕이 코끼리에게 취하도록 술을 먹여 여래님을 해치려 하기 때문이옵니다.'

세존께서는 여러 우바새들에게 말씀하셨다.

'무릇, 다 옳게 깨달은 이는 결코 남의 해침을 받지 않느니라.'

세존께서는 그 말을 들으셨으나, 평상시와 다름없이 성으로 들어가 셨다. 때에 그 사나운 코끼리는 멀리에서 세존께서 오시는 것을 보고 불꽃처럼 성이 나서 여래께 달려와 해치려 하였다. 그러나 세존께서는 코끼리가 오는 것을 보시고 곧 다음 게송으로 말씀하셨다.

'코끼리야, 이 용을 해치지 말라. 용과 코끼리는 나타나기 어렵나니
너는 이 용을 해치지 않음으로써 저 좋은 곳에 나게 되리라.'

그 코끼리는 여래의 이 게송을 듣고 곧 앞으로 나와 꿇어앉아 여래의 발을 핥았다. 그리고 그 허물을 뉘우치고 마음이 편하지 않아 곧 목숨 을 마치고 삼십 삼천에 났다. 그 때에 아자타샤트루 왕과 데바닷다는 코끼리의 죽음을 보고 매우 슬퍼하였다. 데바닷다는 왕에게 말하였다.

'사문 고타마가 코끼리를 잡아 죽였습니다.'

왕은 말하였다.

'그 사문 고타마는 큰 신력이 있고, 온갖 기술이 많아 이에 주술로써 그 큰 코끼리를 죽인 것입니다.'

왕은 다시 말하였다.

'그 사문은 반드시 큰 위력을 갖추었습니다. 그러므로 사나운 코끼리

라지기르 시내에 있는 아자타샤트루 스투파

의 해침을 받지 않은 것입니다.'

데바닷다는 대답하였다.

'저 사문 고타마는 사람의 마음을 홀리는 주술이 있어서 저 외도 이학들도 모두 항복 받거늘, 하물며 축생 따위이겠습니까?

때에 데바닷다는 다시 생각하였다. '나는 지금 아자타샤트루 왕을 살펴보매, 그는 뉘우치는 마음이 생겨 변하려 한다.' 그래서 그는 불안하고 불쾌하여 라지기르 성을 나왔다. …" 〔증일아함 47:49 牧牛品 중에서〕

139

라지기르의 시내에는 그 정체를 정확히 알 수 없는 별난 모양의 퍽 오래된 탑이 하나 있다. 보통 아자타샤트루 스투파라고 부르고, 아자타샤트루 왕이 축조한 탑이라는 데까지는 의견이 일치하는 것 같으나, 그 내용에 관해서는 의견이 분분하다. 다만, 근년에 들어서의 여러 가지 연구 결과, 부처님의 어금니 하나를 모신 사리탑인데, 당시의 아자타샤트루 왕이 특수한 모양으로 축조하게 했다는 것이 통설인 것 같다.

부처님께서 쿠시나가르에서 반열반에 드시자, 다비가 끝난 다음 주변의 여러 나라에서 부처님의 사리를 나누어 갖기를 원함으로써 우여곡절 끝에 결국 사리를 8등분해서 관련 국가에서 나누어 모시기로 했다.[18] 그런데 사리를 나누는 일을 맡은 향성 바라문이 부처님의 어금니 하나를 미리 빼돌려 아자타샤트루 왕에게 보냈기 때문에 그 어금니 사리탑을 보통의 사리탑과는 다른 형태로 조성하였다는 것이다. 라지기르 도심의 우뚝 솟은 곳에 특이한 모양의 탑을 세울 때에는 그만큼 중요한 의미가 깃들어 있었기 때문일 것이며, 그렇게 보는 것이 합리적인 것 같다.

위의 스투파가 서 있는 곳에서 죽림정사 쪽으로 바라다 보이는 산의 중턱에 그 유서 깊은 칠엽굴이 있다. 바로, 부처님께서 반열반

---

18) 여덟 나라는 쿠시나가라를 비롯, 파바, 차라, 라마가, 비이제, 가비라, 비사리와 마가다의 여덟이다.
19) 칠엽굴 결집, 곧 제1결집의 시기에 대해서는 여러 설이 있으나, 적어도 부처님 반열반 후 1년 이내인 점에는 거의 이론(異論)이 없다.

에 드신 뒤 약 100일 만에[19] 마하 카샤파 존자의 주도로 500아란한이 모여 부처님 가르침에 대한 제1결집이 이루어짐으로써 아함경전(阿含經典)이 성립된 곳이다.

아난다 존자와 함께 법의 부촉을 받은 마하 카샤파 존자로서는 부처님께서 반열반에 드시자 곧 불법의 계승에 관해서 깊이 생각하지 않을 수 없었을 것이고, 그 결과가 제1결집으로 나타난 것이라고 할 수 있다. 부처님께서는 기원정사에 계시던 어느 날, 마하 카샤파와 아난다 존자를 앞에 두시고,

"… 나는 지금 내 법을 카샤파와 아난다 비구에게 부촉한다. 왜 그러나 하면, 나는 이제 늙어 나이 팔십이 된다. 그리고 나는 오래지 않아 열반에 들 것이다. 그러므로 이 법 보배를 너희 두 사람에게 부촉한다. 잘 기억하고 외우고 가져 끊어지게 하지 말고, 세상에 널리 펴야 한다. 누구나 선인의 가르침을 막거나 끊으면 그는 곧 변방에 떨어질 것이다. 그러므로 지금 이 경법을 너희들에게 부촉하는 것이니, 잃어버리거나 잘못 전하지 말라. …"

〔증일아함 35 : 41 莫畏品 중에서〕

라고 하시어 불법을 친히 부촉하신 것이다. 이처럼 막중하고도 신성한 소임을 받았기에 마하 카샤파 존자가 서둘러 칠엽굴 결집을 결행한 것은 이해하고도 남음이 있는 일이다.

나란다 대학 터 입구

　라지기르에서 파트나 쪽으로 가자면 나란다(Nalanda) 대학의 유적지가 있다. 나란다 대학은 4세기경에 설립되어 한때 1만 명을 헤아리는 학인들이 숙식하며 부처님의 가르침에 대한 공부에 열을 올리던 세계 최초의 대학이다. 12세기 말경 이슬람의 파괴로 폐허가 되었지만, 현재까지 발굴된 것만 보더라도 당시의 웅장했던 대학의 모습을 짐작할 만하다. 그 곳 박물관의 설명에 의하면 이슬람이 침공하여 대학을 파괴하고 학인들을 학살하는 한편, 도서관에 불을 질렀는데, 그 불로 장서(藏書)가 7일간이나 탔다고 한다. 중국의 현장 법사도 이곳에서 공부한 것으로 기록되어 있다.

　현재 이곳에서 볼 수 있는 것은 샤리푸트라의 사리탑, 벽돌로 쌓은 학교 건물, 학인들의 숙소 자리와 사원 터 등이다. 다만, 지금까지 발굴한 것이 전체의 약 10% 정도에 지나지 않는다고 하니, 과거의 웅장했던 모습은 상상하기조차 어려운 일이다. 특히, 눈길을 끈 것은 승방과 강의실에 냉방장치가 되어 있다는 점이다. 방의 둘레에 만들어진 좁은 홈통에 찬물을 흘려 방의 온도를 낮춘 것이다.

　샤리푸트라의 사리탑과 그를 기리는 사원은 그 곳의 백미(白眉)라고 할 수 있을 정도로 훌륭하다. 나란다는 샤리푸트라의 고향이었기 때문에 그 곳 사람들이 그를 기리는 마음은 남달랐을 것으로 여겨진다. 부처님보다 연상이었던 샤리푸트라는 부처님보다 앞서 입

나란다 대학의 내부구조

적했다.[20]

　내가 달라이 라마를 뵈었을 때, 그는 마침 내가 나란다를 지나는 2월 12일에 나란다 대학 터에서 개최되는 '나란다의 불교유적에 관한 국제 세미나(International Seminar on Buddhist Heritage in Nalanda)'에서 개회사를 할 예정이라고 하시면서 참석할 수 있는지를 물었으나, 일정관계로 참석할 수 없어서 매우 아쉬웠다.

---

20) 목갈라나도 같은 무렵에 입적했다.

144

나란다 대학 구내에 있는 사리불의 사리탑과 사원

6. 람사르 탑

　슈라바스티에 가자면 그 곳에 조금 못 미친 곳의 도로 가의 약
간 솟은 언덕 위에 람사르(Ramsar) 스투파의 유적이 있다. 그 곳은
부처님께서 외도들과의 기적 대결에서 천불화현(千佛化現) 등의 기적
을 보이신 곳으로 알려져 있다. 부처님께서는 신통력을 보이시기를
꺼려하시고 제자들에게도 신통력을 쓰지 말도록 당부하셨음은 널리

알려진 일이다.

그런데, 당시의 육사외도(六師外道)를 비롯하여 부처님의 교단을 비난하던 많은 재래세력들은 부처님을 모함하는가 하면, 기적대결을 하자고 끈질기게 졸라댔다.

부처님께서는 고민하시던 끝에 믿지 않는 자들을 일거(一擧)에 제도하기 위해서 기적을 보이시기로 하고, 그 장소로 기원정사에서 가까운 이곳 암라(Amra) 동산을 택하셨다.

이곳에서 부처님께서는 먼저 그 곳 동산지기가 드린 망고를 드신 다음, 그 씨를 땅에 묻으시자 순식간에 수많은 망고나무가 솟아나 바로 무럭무럭 자라났다. 이 광경을 본 외도들은 물론 부처님 제자들조차 크게 놀라지 않을 수 없었다. 이어 부처님께서는 자신의 몸을 나누어 천불이 동시에 나타나게 하는 놀라운 기적을 보이심으로써 어느 누구도 부처님의 불가사의한 신통력을 의심할 수 없도록 하셨다는 것이다.

그 곳에는 천불화현(千佛化現)의 기적을 기리기 위한 기념 스투파가 세워졌으나, 지금은 모두 퇴락하고 벽돌로 된 기단부분만 앙상하게 남아 있으며, 도로변에서 그 곳에 올라가는 입구에 그곳을 설명하는 간단한 게시판이 하나 서있지만, 그것조차 낡아 글씨가 잘 보이지 않는 것이 몹시 안타까웠다.

천불화현의 장소인 람사르 스투파

7. 슈라바스티와 기원정사

슈라바스티는 오히려 부처님께서 탄생하신 룸비니에서 가까운 위치에 있지만, 독자의 이해의 편의를 위해서 여기에서 다루게 되었다. 슈라바스티는 당시 마가다 국과 함께 강대국의 하나였던 코살라(Kosala) 국의 수도였고, 부처님의 속가 아버지인 슛도다나 왕이 다스리던 카필라바스투는 코살라의 세력권에 속해 있었다. 슈라바스티라고 하면 제일 먼저 떠오르는 것이 기원정사(祇園精舍)이다.

부처님께서 24회의 안거를 보내실 만큼, 성도하신 후 반열반에 드시기까지의 45년에 걸쳐 가장 오랜 기간 머무신 곳이 기원정사이고, 또 부처님께서 설하신 경(阿含經)의 약 60%가 그 곳에서 이루어졌음을 생각할 때, 기원정사 터를 찾아들어 그 곳에 서 있는 것만으로도 감개무량한 일이 아닐 수 없다.

급고독 장자로 불리던 슈라바스티의 수닷다(Sudhatta: 須達多)가 사업상의 용무로 라지기르에 사는 그의 매제 집에 들렀다가 우연히 부처님에 관한 이야기를 듣고 이른 새벽에 직접 부처님을 찾아뵙고 설법을 들음으로써 그 자리에서 바로 부처님께 귀의하게 된다.

기원정사는 그 수닷다 장자가 부처님과 제자들을 위해 그의 고향인 슈라바스티 성에서 멀지 않으면서도 아늑하고 조용한 자리를 골라 지어올린 정사이다. 수닷다 장자가 부처님께 귀의하고 기원정사를 지어올린 경위에 관해서 잡아함의 급고독경(給孤獨經)은

"… 그 때에 세존께서는 급고독 장자를 데리고 방으로 들어가 자리에 앉아 몸을 단정히 하고, 생각을 모으신 뒤에, 그를 위하여 설법하여 가르쳐 보이고 기뻐하게 하시고, 다시 모든 법의 덧없음과 마땅한 보시의 복되는 일, 계율을 가지는 복되는 일, 하늘에 나는 복되는 일과 탐욕의 맛, 탐욕의 근심, 탐욕에서 나옴과 멀리 떠나는 복되는 일들을 말씀하셨다. 급고독 장자는 법을 듣고 법을 보고 법을 얻고 법에 들어 법을 알아 모든 의혹을 건너고, 다른 믿음을 의지하지 않고 다른 제도에 힘입지 않고 바른 법률에 들어가 마음에 두려움이 없게 되었다. 그는 곧 자리에서 일어나 옷을 여미어 부처님께 예배한 뒤에 오른 무릎을 땅에 대고 합장하고 부처님께 여쭈었다.

'세존이시여! 저는 이미 구제되었나이다. 선서시여! 저는 이제 구제되었나이다. 저는 오늘부터 목숨이 다하도록 부처님께 귀의하고 법에 귀의하고 비구승에 귀의하여 우바새가 되겠나이다. 저를 증명하소서.'

그 때에 세존께서는 급고독 장자에게 물었다.

'그대 이름은 무엇인가?'

'제 이름은 수닷다이오며, 고독하고 빈곤하고 고통받는 사람을 구제해준다고 하여 요새 사람들은 저를 급고독이라고 부르나이다.'

세존께서는 다시 물으셨다.

'그대는 어디에 사는가?'

'세존이시여! 코살라 국에 있사온데, 성 이름은 슈라바스티이옵니다. 원하옵나니 세존께서는 슈라바스티에 오소서. 저는 목숨이 다하도록

의복과 음식, 방, 침구와 병에 따른 약을 공양하겠나이다.'

'슈라바스티에는 정사가 있는가?'

'세존이시여! 없나이다.'

부처님께서는 장자에게 말씀하셨다.

'그대는 거기에 정사를 세워 여러 비구들이 오고 가면서 머물게 하라.'

'다만, 세존께서 슈라바스티에 오시기만 하신다면 저는 마땅히 정사와 승방을 지어 여러 비구들이 오고 가면서 머무를 수 있도록 하겠나이다.'

그 때에 세존께서는 잠자코 그 청을 들어 주셨다.

장자는 부처님께서 잠자코 청을 들어주신 줄 알고 자리에서 일어나 부처님 발에 머리를 조아리고 떠나갔다."

〔잡아함 22·592 給孤獨經 중에서〕

라고 분명히 하고 있다. 수닷다 장자는 부처님과 그 제자 비구들을 위해서 기원정사를 지어 드렸을 뿐만 아니라, 그 뒤에도 부처님과 승가를 위한 큰 물질적 후원자가 되었다.

기원정사의 경내에는 여러 유적들이 산재해 있는데, 부처님께서 주로 머무신 간다쿠티(Gandhakuti) 향전(香殿)을 비롯하여 많은 승방, 사원, 스투파 및 아난다 나무 등이 남아있어 당시의 모습을 연상할 수 있게 한다.

부처님께서 머무시던 기원정사의 간다쿠티 향전

처음 지어진 간다쿠티 향전은 원래 7층으로 된 거대한 목조건
물이었던 것이나 뒤에 불로 소실되자 2층인 벽돌 건물로 지어졌다
는 이야기가 전해오지만, 지금은 벽돌을 쌓아올린 아래 부분만 남아
있을 뿐이고, 수많은 승방이나 사원도 마찬가지이다.

다만, 부처님 재세 당시에 이곳을 그처럼 좋아하시어 24회의
안거를 보내시고, 부처님께서 직접 설하신 경의 약 60%가 이곳에

아난 존자가 거처했던 승방

서 이루어진 것임을 생각할 때, 바로 그 간다쿠티 향전에 모셔진 자그마한 탑 앞에 분향하고 삼배를 올리는 것만으로도 그 감회는 이루 말할 수 없이 큰 것이다.

　나는 그 곳에 계시는 스님의 양해를 받아 간다쿠티의 본당에 올라 가부좌하고 앉아 아함경 중 십육비구경(十六比丘經)과 연기법경(緣起法經)을 독송하고 부처님 만트라(Mantra)[21]를 외웠는데, 부처님께

———

21) Om muni muni mahamuniye svaha.

152

아난다 나무

서 금시라도 나타나실 것 같은 느낌을 어찌할 수 없었다.

기원정사 바로 옆 승방이 아난다 존자가 거처했던 곳이라고 한다. 그러면, 샤리푸트라, 목갈라나, 마하 카샤파 존자들의 거처는 어디쯤 되었을까? 또, 부처님의 속세의 아들인 라훌라는 어디쯤에서 묵었을까? 이런 저런 생각이 꼬리를 잇는다.

저만큼 떨어진 곳에 몇 백 년은 되었음직한 커다란 보리수 한 그루가 서 있고, 그 밑둥치 부분에 흙을 돋우고 석축을 쌓아 특별히 관리하고 있는 것이 눈에 띄었다. 이른바, 아난다 나무이다. 부처님

153

께서 당신께서 반열반하면 상을 조성하지 말고 따로 탑사를 하지 말라고 말씀하시자, 아난다 존자가 후세 사람들이 부처님께서 그 밑에서 성도하신 보리수만이라도 기릴 수 있도록 허락하여 주실 것을 몇 차례고 간청하여 허락을 받고, 그 곳에 심은 보리수의 대를 이은 나무라고 했다. 그렇기 때문에, 영문을 아는 많은 사람들이 그 나무 앞에서 기도를 올리는 것을 볼 수 있었다.

꽤 넓은 규모의 기원정사 터의 여기저기를 돌아다니면서 이 승방의 벽돌도 만져보고 저 스투파도 만져보고 있자니, 2,500년이라는 세월이 흐른 오늘에는 옛날의 그 웅장하면서도 세심하게 배치된 여러 정사와 승방들의 옛 모습은 찾을 길 없고, 부처님은 물론 그 많던 부처님 제자들의 모습도 볼 수 없으니 세월의 무상함이 절절히 느껴진다.

모든 생겨난 물질은 반드시 멸하여 없어진다는 것을 부처님께서 일찍이 깨우쳐 주셨건만, 그 때의 모습들을 상상에만 맡겨야 한다는 것이 야속하게만 느껴지는 것을 어찌하랴. 부처님께서

"… 물질은 무상하다. 무상한 것은 곧 괴로움이요, 괴로움은 곧 '나'가 아니며, '나'가 아니면 또한 '내 것'도 아니다. 이렇게 관찰하는 것을 진실한 바른 관찰이라 이름하느니라.

이와 같이 느낌, 생각, 뜻함, 의식은 무상하다. 무상한 것은 곧 괴로움이요, 괴로움은 곧 '나'가 아니며, '나'가 아니면 '내 것'도 아니다. 이

렇게 관찰하는 것을 진실한 관찰이라 이름하느니라.…"

〔잡아함 1:9 厭離經 중에서〕

라고 거듭 깨우쳐주시지 않았던가! 그렇다. 모든 생겨난 것은 반드시 변하여 언젠가는 없어지는 것이거늘, 사람들은 그저 그대로 있을 뿐인 세월을 탓하고 있으니 얼마나 더 깨우침을 받아야 할 것인가.

8. 앙굴리마라 동굴과 수닷타 집터

기원정사 터에서 차로 약 5, 6분을 가면 수닷타 장자의 집터와 앙굴리마라 동굴이 있다. 수닷타 장자의 집터는 장자의 집답게 그곳에서 가장 높은 곳에 있는데, 그 규모가 여간 크지 않다. 특히 중앙에 난 계단을 보면 웬만한 궁전 못지않고, 계단 위에 올라서서 보면 저 멀리 주위가 훤하게 내려다보인다.

거기에서 약 100m쯤 떨어진 곳에 앙굴리마라 동굴이 있는데, 언덕 중턱에 나 있는 동굴을 그대로 둔 채로 덮어서 스투파를 조성한 것으로, 규모가 제법 크다. 이 스투파의 주인인 앙굴리마라는 원래는 바라문이었으나, 자신의 처를 능욕했다는 의심을 산 그의 바라문 스승의 못된 꼬임에 빠져 살인을 일삼는 흉악한 강도로 변하여 인근에서 악명이 매우 높았다.

전해 오는 이야기에 의하면, 아이가 울면 달래다가 끝내 울음을

급고독장자 집터

멈추지 않으면 '앙굴리마라가 온다' 라고 하면 딱 그쳤다고 할 정도
로 두려움의 대상이었다고 한다. 그러한 앙굴리마라가 부처님의 제
도로 다시 착한 사람이 되고, 부처님께 귀의하여 제자가 된 다음 용
맹정진하여 아라한이 되었다는 것이다. 적경(賊經)은 당시의 일에 관
해서

　"이와 같이 나는 들었다. 한때 부처님께서는 앙구다라 국 세간에 노
니시면서 타파도리가 숲 속을 지나시다가, 소 치는 이, 염소 치는 이,

156

나무하는 이와 그 밖의 여러 사람들을 만났다. 그들은 세존께서 길을 가시는 것을 보고 세존께 사뢰었다.

'세존이시여! 이 길로 가시지 마소서. 이 앞에는 앙굴리마라라는 도적이 있어 사람들을 놀라게 하나이다.'

부처님께서는 말씀하셨다. '나는 두려워하지 않느니라.'

이렇게 말씀하시고, 그 길로 가셨다. 그들은 두 번 세 번 말씀드렸으나, 부처님께서는 그대로 가시다가 앙굴리마라가 칼과 방패를 들고 달려오는 것을 보셨다.

세존께서는 신통력으로 천천히 걷는 몸을 나타내어 앙굴리마라가 빨리 달려도 따르지 못하게 하셨다. 그는 달리고 달리다 그만 지쳐 멀리에서 세존께 말하였다. '멈춰라. 멈춰라. 가지 말라.'

세존께서는 나란히 걸으시면서 말씀하셨다. '나는 언제나 멈춰있는데 그대가 멈추지 않을 뿐이니라.'

그 때에 앙굴리마라는 곧 게송으로 말하였다.

'사문은 그대로 빨리 달리며 나는 언제나 멈췄다고 말하고

나는 지쳐서 멈춰 있는데 네가 멈추지 않는다고 말하네.

사문이여! 어째서 나는 멈췄는데 그대가 멈추지 않는다고 말하는가?'

그 때에 세존께서는 게송으로 대답하셨다.

'앙굴리마라여! 나는 언제나 멈췄다는 것은

저 일체의 중생에 대하여 칼질이나 막대기질 쉬었지만

그대는 중생들에게 두려움 주어 나쁜 업을 그치질 않는다는 뜻이다.

나는 일체의 벌레에 대해서도 칼질이나 막대기질 쉬었지만

그대는 저 모든 벌레에 대하여 언제나 핍박하고 두렵게 하며

언제나 흉악한 그 업을 지으면서 끝끝내 그쳐 쉴 때 없구나.

나는 일체의 신에 대하여 칼질이나 막대기질 쉬었지만

그대는 저 모든 신에 대하여 언제나 괴롭히고 못 견디게 하여

언제나 그 검은 나쁜 업 지으면서 지금에 오히려 쉬지 않는구나.

나는 언제나 쉬는 법에 머물러 일체로 방탕하게 놀지 않지만

그대는 네 가지 진리를 못 보았다. 그러므로 방일을 쉬지 못한다.'

앙굴리마라는 게송으로 여쭈었다.

'오랜만에 여기 무니를 보았기에 길을 따라 그 뒤를 쫓아왔더니

이제 그 참되고 묘한 말 들었나니 오랫동안 나쁜 업 버려야 하리.

그 도적은 이렇게 말하고는 들었던 칼과 창을 던져버리고

세존의 발아래 엎드려 빌었나니 원컨대 집 떠나기를 허락하소서.

부처님은 자비스런 마음 가지고 큰 신선은 그를 매우 가엾이 여겨

곧 그 비구에게 말씀하셨다. 잘 왔다. 집 나와 구족계를 받으려고.'

그 때에 앙굴리마라는 출가하여 홀로 고요한 곳에서 알뜰히 생각하

였다. '착한 남자가 수염과 머리를 깎고 가사를 입고 바른 믿음으로 집

을 나와 도를 배우고 범행을 힘써 닦는 까닭은 현재에서 스스로 증득한

줄을 알아 나의 생은 이미 다하고, 범행은 이미 서고, 할 일은 이미 마

쳐, 후생의 몸을 받지 않을 줄을 스스로 아는 데 있다'고. 때에 그는 아

앙굴리마라 동굴 입구와 스투파

라한을 얻어 해탈의 즐거움을 깨닫고 곧 게송으로 말하였다.…"

〔잡아함 38 : 1077 賊經 중에서〕

라고 소상히 전하고 있다. 이러한 사연은 아무리 사악(邪惡)한 사람
이라도 잘못을 회개하고 부처님 가르침에 귀의하면 승가에서 받아
들여진다는 좋은 교훈을 남긴 것이라고 할 수 있다.

한편, 앙굴리마라가 부처님 승가에 있다는 말을 들은 코살라의 프라세나짓 왕은 그 동안 앙굴리마라를 잡으려고 무척 애를 썼지만 잡지 못했는데, 마침 잘 되었다고 생각하여 군사를 데리고 부처님 처소에 이르러 앙굴리마라의 인도를 요구하자, 부처님께서는 "앙굴리마라는 이미 회개하고 출가하여 나의 제자 비구가 되었으니 내어줄 수 없다"고 거절하시면서, 오히려 출가한 앙굴리마라 비구를 봉양하라고 권하심으로써 왕은 부처님께 예를 올리고 그대로 돌아갔다는 것이다. 이는 당시의 승가(僧伽)와 세속 권력과의 위상관계를 잘 보여주는 예라고 할 수 있다.

붓다의 마지막 여정

"너희들은 넓은 벌판을 가다가 두려움이 생겨 마음이 놀라고 털이 일어설 때에는 여래에 대한 일을 생각하라. 곧 여래는 다 옳게 깨달은 이 내지 부처 세존이시다 라고. 그렇게 생각하면 두려움은 곧 사라질 것이다. 또 법에 대한 일을 생각하라. 곧 부처님의 바른 법률은 능히 현세에서 번뇌를 떠나 시기를 기다리지 않고 통달하고, 그것을 친근하는 인연으로 스스로 깨달아 알게 된다. 또 비구승에 대한 일을 생각하라. 곧 세존의 제자는 착하고 바르게 나아간다. 내지 세상의 복밭이다 라고. 그렇게 생각하면 두려움은 곧 사라질 것이다."

－잡아함 염삼보경 중에서

1. 마지막 건넌 강가 강

부처님께서는 29세에 출가하여 6년의 고행 끝에 35세에 깨달음을 얻은 뒤 45년간을 한결같이 중생교화와 제도의 길을 걸으시며 80세에 이르셨다. 부처님께서는 말년에 이르러 두 가지의 비통한 일을 겪으셨지만, 흔들림 없는 교화활동과 제자들에 대한 지도를 이어 가셨다. 그 두 가지란 첫째로 코살라 왕이 샤캬 족의 카필라바스투를 정복한 일이고, 둘째는 가장 아끼던 제자인 샤리푸트라와 목갈라나가 앞뒤를 다투듯이 세상을 뜬 일이다. 부처님은 그 무렵에 이르러 이미 정명(定命)이 다해 오는 것을 아시고, 아난다에게 3개월 뒤에는 반열반에 드시게 될 것임을 미리 말씀하셨다. 증일아함의 사의단품(四意斷品) 1은 당시의 부처님의 심경을 잘 나타내고 있다. 곧,

"… 존자 아난다는 세존께 나아가 머리를 조아려 그 발에 예배하고 한쪽에 섰다. 조금 뒤에 다시 두 손으로 여래의 발을 어루만지고는 발

등에 입맞추고 사뢰었다.

'거룩하신 몸이 왜 이렇게 되셨나이까? 매우 쪼글쪼글하시나이다. 여래의 몸은 전과 다르나이다.'

세존께서는 말씀하셨다.

'그렇다, 아난다여! 네 말과 같다. 지금 여래 몸은 매우 쪼글쪼글해졌다. 오늘의 이 몸은 전과 다르다. 왜 그러냐 하면, 대개 몸을 받으면 병

의 핍박을 받기 때문이다. 병들어야 할 중생은 병의 핍박을 받고, 죽어
야 할 중생은 죽음의 핍박을 받는 법이다. 지금 여래는 이미 늙어 나이
팔십이 넘었다.'

　아난다는 이 말씀을 듣고 슬피 흐느껴 울면서 어쩔 줄을 몰랐다. 그
리고, 중얼거렸다. '아! 늙음이 와서 이처럼 되셨구나.'

　그 때에 세존께서는 때가 되어 가사를 입으시고 바리를 가지고 라지
기르에 가서서 걸식하시다가 차츰 프라세나짓 왕 집으로 가셨다. 마침
그 때 프라세나짓 왕 문 앞에는 낡아서 부서진 수레 수십 대가 한쪽에
버려진 채 있었다. 존자 아난다는 한쪽에 버려진 수레를 보고 세존께
사뢰었다. '이 수레들은 프라세나짓 왕의 수레들이옵니다. 옛날 처음
만들었을 때에는 매우 아름답더니, 오늘 보니 기와나 돌과 한 꼴이 되
었나이다.'

　세존께서는 말씀하셨다.

　'그렇다, 아난다여! 네 말과 같다. 지금 보는 저 수레들도 옛날에는
매우 아름다웠다. 금과 은으로 만들어진 것이었다. 그러나, 오늘은 낡
고 부서져 다시는 쓸데없이 되었다. 이와 같이, 바깥 물건도 낡고 부서
지거늘, 하물며 안의 것이겠느냐?' …"

〔증일아함 18 : 26 四意斷品 1 중에서〕

라고 하신 것을 보더라도, 부처님께서는 이미 인생의 마지막에 다다
르고 있음을 느끼시고, 반열반하실 곳을 찾아 북행(北行)을 결행하시

기로 하신 것 같다. 부처님께서는 파타리푸타(오늘날의 파트나)의 도강처에서 강가 강을 건너 북쪽에서 흘러오는 히란나바티 강(Hiranna-vati R.)을 따라 북으로 올라가시기로 한 것이다. 나는 현지인의 안내를 받으며 부처님께서 도강하신 나루터를 찾기 위해서 말로 다할 수 없이 지저분하게 오물이 널려있는 강가를 이리저리 돌아보았지만, 끝내 찾지 못하고 아쉬움을 안은 채 바이샬리로 향했다.

2. 마지막 우안거처인 바이샬리

파트나에서 바이샬리까지의 거리는 약 55km이지만, 도로 사정이 좋지 않아 실제로는 많은 시간이 걸린다. 우선, 파트나에서 강가 강을 가로질러 놓인 마하트마 간디 다리는 길이가 약 8km에 달하는 인도에서 가장 긴 다리이다. 이 다리를 건너 바이샬리까지 가자면 많은 인내가 필요하다. 평균 시속 약 20km 정도로 서행하는 차와 여기저기가 움푹움푹 파인 도로를 달리는 차의 요동 때문이다. 그러나 차의 오디오를 통해서 조용하게 흘러나오는 '관세음보살 본심미묘육자대명왕진언'과 '삼귀의 서원'이 반복해서 계속됨으로써 마음을 가라앉혀 주었다. 라히(Raghav Rahi)라는 이름의 인도인 안내자가 일부러 티베트 진언(Tibet Incantations)이 담긴 CD를 가져와서 항상 틀어놓고 있기 때문이다.

바이샬리는 부처님께서 특히 좋아하시던 세 곳 가운데 하나이다. 곧, 기원정사가 있는 슈라바스티, 죽림정사가 있는 라지기르 그리고 중각강당이 있는 바이샬리가 그 셋이다. 부처님께서 바이샬리의 잔나비 못 곁에 있는 중각강당에 계실 때에 설하신 잡아함 중의 염삼보경(念三寶經)은 널리 알려져 있는 경이다. 당시 바라나시와 함께 교역의 중심이자 신흥도시로 새로운 문물의 교류가 활발했던 바이샬리에는 변방과의 교역으로 큰 돈을 버는 상인들이 많았다. 염삼보경은 먼 장사 길을 떠나려는 상인들을 앞에 놓고 하신 설법인데,

"…'세존이시여! 저희 상인들은 장엄한 준비를 마치고 타카실라 국으로 가려고 하나이다. 원컨대, 세존께서는 대중들과 함께 내일 아침에 저희들의 공양을 받아주소서.'

세존께서는 잠자코 허락하셨다. 상인들은 세존께서 청을 받으신 줄을 알고 자리에서 일어나 부처님 발에 예배하고 제각기 집으로 돌아가 갖가지 깨끗하고 맛난 음식을 장만하고, 자리를 펴고 깨끗한 물을 준비한 뒤에, 이른 아침에 사람을 보내어 '때가 되었나이다.' 라고 여쭈었다.

그 때에 세존께서는 가사를 입으시고 바리를 가지고 대중들과 함께 그들 있는 곳으로 가시어 자리에 앉으셨다. 때에 상인들은 깨끗하고 맛난 음식을 손수 공양 올렸다. 공양이 끝나고 바리를 씻은 뒤, 그들은 조그만 자리를 가져다 대중 앞에 앉아 부처님 설법을 들었다. 세존께서는 그들에게 말씀하셨다.

'너희들은 넓은 벌판을 가다가 두려움이 생겨 마음이 놀라고 털이 일어설 때에는 여래에 대한 일을 생각하라. 곧, 여래는 다 옳게 깨달은 이 내지 부처, 세존이시다라고. 그렇게 생각하면 두려움은 곧 사라질 것이다. 또, 법에 대한 일을 생각하라. 곧, 부처님의 바른 법률은 능히 현세에서 번뇌를 떠나 시기를 기다리지 않고 통달하고, 그것을 친근하는 인연으로 스스로 깨달아 알게 된다. 또, 비구승에 대한 일을 생각하라. 곧, 세존의 제자는 착하고 바르게 나아간다. 내지 세상의 복밭이다 라고. 그렇게 생각하면 두려움은 곧 사라질 것이다. …' ”

〔잡아함 35:980 念三寶經 중에서〕

라고 하시어 삼보의 깊은 의미를 설하신 것이다.

부처님께서는 바이샬리 암바팔리 여인의 망고 동산에서 마지막 우안거(雨安居)를 보내셨는데, 바이샬리는 부처님의 많은 발자취가 남아있는 곳이다. 곧, 지금은 거의 흔적을 찾아보기 어려운 암바팔리 여인의 집터, 바이샬리 사리탑, 아쇼카 석주와 잔나비 못(獼猴池) 그리고 그 곁에 있는 스투파들이 대표적인 것이다.

암바팔리 여인은 당시 바이샬리에 살고 있던 미모와 재력을 갖춘 유녀(遊女)로서 명성이 자자하였는데, 그녀는 말년에 불도에 귀의하고 그의 망고 동산을 부처님께 봉헌하였다. 바이샬리 인근에는 지금도 망고 과수원이 많이 있고, 거기에서 쿠시나가르 쪽으로 더 가면 리치(litchi) 과수원이 많이 눈에 띈다. 이로써도 알 수 있는 바와 같이 이 근방은 좋은 과실의 산지로도 유명하다. 부처님은 암바팔리의 망고 동산에서 최후의 안거가 끝날 무렵에 이질(장염이라는 설도 있다)로 심한 고통을 받으셨는데, 그 이질이 조금 나아지자 곧 그 곳을 떠나 쇠약한 몸을 이끌고 서둘러 쿠시나가르로 향하셨다. 위에서도 지적했듯이 암바팔리의 망고 동산의 옛 모습은 찾을 길이 없고, 그 자리에는 학교가 서고 그 건너에는 줄을 지어 선 새로운 망고나무 과수원이 있을 뿐이다.

거기에서 북서쪽으로 조금 가면 한 경내에 아쇼카 석주, 스투파 그리고 잔나비 못이 들어있는 곳이 나온다. 아쇼카 대왕은 부처님의 반열반을 향한 마지막 길을 기념하는 석주를 세우고 그 꼭대기에 사자상을 얹었었는데, 그 사자상이 부처님께서 반열반하신 쿠시나가르를 향하고 있는 것을 보자 가슴이 뭉클함을 느끼지 않을 수 없었다. 이 석주는 그 많은 아쇼카 석주 가운데에서도 원형이 훼손되지 않고 비교적 잘 보존된 대표적인 것으로 꼽힌다.

석주 옆에는 부처님께서 자주 설법하신 곳인 중각강당 자리에 조그마한 동산을 연상케 하는 스투파가 세워져 있고, 그 반대편에는 너무 규격적으로 가꾸어 놓은 못이 있는데, 그 연못이 경에도 자주 등장하는 미후지(獼猴池: monkey pond), 곧 잔나비 못이다. 어느 날 부처님께서 제자들과 이 연못 가에 앉아계시는데, 원숭이 한 마리가 부처님 바리를 가지고 나무 위로 올라가 벌꿀을 따가지고 내려와 부처님께 바친 인연으로 붙여진 이름이라고 한다. 그 때에 원숭이가

아쇼카 석주

보수 중인 스투파

올랐던 나무의 몇 대손이나 되는지 알 수 없지만, 지금도 아름드리 사라수가 그 자리에 서 있는 것이 인상적이다.

거기에서 오던 길을 약 5분쯤 되돌아나가 시골길로 접어들어 가니 바이샬리 박물관이 있고, 그 뒤편의 잘 가꾸어진 정원의 한 복판에 원형으로 지붕을 덮은 구조물이 나왔다. 차에서 내려 그 정원 안으로 들어가다 보니 입구에 커다란 설명판이 서 있는데, 영문과 힌두어로 적혀 있다. 사연인즉, 이곳은 부처님께서 반열반하시고 다비(茶毘)를 마친 뒤 8등분하여 인접국가에 나눈 것 가운데 밧지(Vajji)

잔나비 연못

국 몫으로 온 사리를 모신 사리탑 자리라고 적혀 있다. 매우 흥분되
는 순간이었다.

　나는 곧바로 원형의 지붕을 한 곳으로 가보았다. 그 곳은 사리
탑 자리의 기초부분을 그대로 들어내어 사리가 어떻게 모셔졌었는
지를 알 수 있도록 잘 정리되어 있었다. 안내판에 쓰여 있는 대로 부
처님의 진신사리를 모신 곳이었다.

　지금은 사리의 주인이나 그 사리탑을 세운 사람들이 모두 까마
득하게 먼 옛 이야기의 주인공이 되고, 나는 다 허물어진 유적을 물

174

부처님 진신사리탑의 기단 부분

끄러미 쳐다보고 있는 처지이니, '나'도 없고 '내 것'도 없다고 강조
하신 부처님의 가르침이 다시 흉금을 울린다.

3. 춘다가 점심공양을 올린 파바

바이샬리를 떠나 쿠시나가르로 향했는데, 바이샬리에서 쿠시나
가르까지는 히란나바티 강을 따라 북서쪽으로 약 200km라는 먼 거
리를 가야 한다. 이 먼 길을 부처님께서는 80 고령에 이질로 허약해

이곳 사리탑이 부처님 반열반 후 8등분한 사리의 하나를 모신 곳임을 기록한 안내판

진 몸으로 한 발 한 발 떼어 옮기시며 쿠시나가르에의 길을 재촉하신 것이다. 쿠시나가르를 눈앞에 둔 파바(Pava) 마을에 당도하신 부처님 일행은 금제련사인 춘다의 망고 동산에서 쉬시게 되었다. 춘다는 부처님께서 자기의 망고 동산에 오신 것을 영광스럽게 생각하고 정성을 다해서 점심공양을 마련하여 올렸다.

그런데, 부처님께서는 전에 앓으신 이질이 완쾌되지 않은 데다 먼 길을 여러 날 동안 걸어오시느라 피곤이 쌓여 점심공양(멧돼지 고기로 인한 것이라는 설과 전단수에서 난 버섯으로 인한 것이라는 설이 있다) 드신 것이 다시 병을 일으켜 심한 고통을 당하시게 되었다. 그에 당황한

176

춘다가 송구스러워했을 것은 당연한 일이다. 부처님께서는 오히려 춘다를 위로하시면서, 성불하시기 직전에 우유죽을 공양한 수자타 와 반열반에 드시기 전에 점심공양을 올린 춘다의 공덕은 다같이 매 우 큰 것이라고 도리어 위로의 말씀을 하시고, 제자들에게도 춘다의 공덕을 기리도록 이르셨다.

4. 쿠시나가르

부처님께서는 불편하신 몸을 이끌고 일행을 재촉하여 쿠시나가 르로 가는 길을 서둘렀다. 이미 쿠시나가르를 입적하실 곳으로 정하 신 것이다. 부처님께서 고향인 카필라바스투나 기원정사가 있는 슈 라바스티, 죽림정사가 있는 라지기르 또는 바이샬리를 놓아두고 굳 이 조그마한 마을인 쿠시나가르를 입적하실 곳으로 정하신 참뜻은 헤아리기 어려운 일이다.

그러나 후세의 학자들이 풀이하기로는 라지기르나 슈라바스티 등과 같이 한 나라의 수도인 큰 도시에서 입적하신다면 뒤에 반드시 사리(舍利) 싸움이 일어나서 큰 불행을 가져올 것을 예견하시고, 말 라(Malla) 족이 모여 사는 조그마한 마을을 택하심으로써 나라 사이 의 싸움을 미연에 방지하려 하셨다는 것이다. 부처님께서 반열반에 드시고 다비를 올리자, 인근의 여러 나라 왕들이 군사를 이끌고 몰 려와서 사리의 분배를 요구한 사실을 볼 때, 학자들의 위와 같은 견

해가 옳은 것 같으며, 다시 한번 부처님의 혜안(慧眼)과 거룩하신 뜻을 되새기게 된다.

1) 최후의 설법과 사라쌍수

부처님께서 쿠시나가르의 사라 동산에 겨우 당도하셨을 때 이미 해가 질 무렵이었다. 아난다 존자에게 말씀하시기를 그날 밤중으로 반열반에 드실 것이니 두 사라나무 사이에 머리를 북쪽으로 한 노끈 침상을 매고 쿠시나가르 성에 들어가 말라(Malla) 족 사람들에게 알릴 것을 당부하셨다.

아난다에게 소식을 전해들은 말라족 사람들은 물론, 부처님의 제자들도 부처님께서 그날 밤중으로 입적하신다는 소리에 참지 못하고 흐느끼는 사람, 통곡하는 사람, 멀리서 조용히 눈물짓는 사람들로 비통의 바다를 이루었음은 능히 짐작할 수 있는 일이다. 부처님께서는 이들에게 "내가 그동안 거듭해서 말하지 않았는가? 생겨난 것은 반드시 멸한다는 제행무상(諸行無常)과 사랑하는 것과 헤어지지 않을 수 없는 괴로움인 애별리고(愛別離苦)의 이치를. 내가 입적한 뒤에도 내가 설한 법은 엄연히 존재하니, 자성과 법에 의지하면 되느니라."라고 하시면서, 오히려 그들을 위로하셨다.

부처님의 마지막 설법은 수바드라(subhadra, 須跋陀)라는 나이 백 살이 넘은 바라문 장로를 대상으로 이루어졌으며, 그는 부처님의 최후의 제자가 되었다. 장아함의 유행경(遊行經)은 그날 밤의 일을 다

음과 같이 전한다. 곧,

"… 그 때에 세존은 말라유 족의 발생지인 쿠시나가르 성의 사라 동산 안에 있는 쌍수 사이에서 장차 멸도하려 하실 때에 아난다에게 말씀하셨다.

'너는 쿠시나가르 성에 가서 모든 말라유 사람들에게 알려라. 여러분! 마땅히 알라. 여래는 오늘 밤중에 사라 동산의 쌍수 사이에서 멸도에 드시리라. 그대들은 가서 의심스러운 것을 묻고, 가르쳐 깨우쳐 주시는 것을 직접 들어라. 이 때를 놓쳐 후회를 남기지 말라고.'

이 때에 아난다는 부처님의 분부를 받고 곧 자리에서 일어나 부처님께 예배하고 떠났다. 어느 비구와 함께 눈물을 흘리면서 쿠시나가르 성으로 들어갔다. 그 때에, 오백의 말라유 사람들은 무슨 일이 있어 한 곳에 모여 있었다. 때에 모든 말라유 사람들은 아난다가 오는 것을 보고 곧 일어나 예배하고 한쪽에 서서 아난다에게 말하였다.

'웬일입니까? 존자가 이렇게 저문 시간에 이 성에 들어오시다니, 무슨 일이 있습니까?'

아난다는 눈물을 흘리면서 말하였다.

'내 그대들에게 큰 이익되는 일을 알리고자 여기에 왔노라. 그대들은 마땅히 알라. 여래께서는 오늘 밤중에 반열반에 드시리라. 너희들은 가서 의심되는 것을 묻고, 교계를 직접 받아라. 이 때를 놓쳐 뒷날에 후회를 남기게 하지 말라.'

그 때, 모든 말라유 사람들은 이 말을 듣고 소리를 높여 슬피 울고 땅에 쓰러져 기절하였다가 다시 깨어났다. 그것은 마치 큰 나무의 뿌리가 빠져 가지들이 부러지는 것과 같았다. 그들은 다 같이 소리를 높여 말하였다. '부처님의 멸도하심은 어이 이리 빠른가! 세존의 멸도하심은 어이 이리도 빠른가! 중생들은 길이 쇠하고, 세상에는 눈이 없어졌구나.' 이 때에 아난다는 모든 말라유 사람들을 위로하면서 말하였다.

'그쳐라, 그쳐라. 슬퍼하지 말라. 천지 만물은 한번 나서 끝나지 않는 것이 없다. 그것은 모두 인연이 모여 된 것으로서, 언제까지나 있게 하고자 하여도 그리 될 수 없는 것이다. 부처님께서 말씀하시지 않았던가. 모임에는 떠남이 있고, 삶에는 반드시 다함이 있다고.'

때에, 말라유 사람들은 각각 서로 말하였다. '우리는 모두 집으로 돌아가 가족을 데리고, 또 하얀 천 오백 장을 가지고 다 같이 쌍수로 가자.' 모든 말라유 사람들은 각기 집으로 돌아가 그 가족을 이끌고, 또 하얀 천을 가지고 쿠시나가르 성을 나와 쌍수 사이로 가서 아난다가 있는 곳에 이르렀다. 아난다는 멀리에서 그들이 오는 것을 보고 스스로 생각하였다. '저들은 너무 많다. 만일, 낱낱이 부처님을 뵈려면 다 뵈옵기 전에 부처님께서 먼저 멸도하실 것이다. 나는 이제 차라리 초저녁에 저들로 하여금 동시에 부처님을 뵈옵게 하리라.' 곧 오백 명 말라유 사람들과 그 가족들을 데리고 세존께 나아가 머리로 그 발에 예배하고 한쪽에 섰다. 아난다는 앞으로 나아가 부처님께 여쭈었다.

'누구 누구의 모든 말라유 사람들과 그 가족들은 세존의 기거가 어떠

하신가 문안드리나이다.'

부처님께서는 대답하셨다.

'그대들은 오느라고 수고하였다. 나는 그대들의 수명을 연장시키고, 또 병도 고통도 없게 하리라.'

아난다는 곧 모든 말라유 사람들과 그 가족들을 데리고 가 부처님을 뵈옵게 하였다. 모든 말라유 사람들은 머리로 부처님 발에 예배하고 한쪽에 앉았다. 그 때에 세존께서는 그들을 위하여 무상을 설법하여 가르치어 이롭고 기쁘게 하셨다. 때에, 모든 말라유 사람들은 법을 듣고 기뻐하면서 곧 오백 장의 하얀 천을 세존께 바쳤다. 부처님께서는 그것을 받으셨다. 모든 말라유 사람들은 곧 자리에서 일어나 부처님께 예배하고 떠났다.

이때에, 쿠시나가르 성 안에 한 바라문이 있었다. 이름을 수바드라라고 하였다. 나이 백이십이나 되는 늙은 장로로서 지혜가 많았다. 부처님께서 오늘 밤에 쌍수 사이에서 멸도하신다는 말을 듣고 스스로 생각하였다. '나는 법에 있어서 의심이 있다. 다만 고타마만이 내 뜻을 풀어줄 것이다. 지금 마땅히 때를 놓치지 말고 스스로 힘써서 가리라.' 그는 곧 그 밤으로 쿠시나가르 성을 나가 쌍수 사이로 가서 아난다가 있는 곳에 이르렀다. 인사를 마치고 한쪽에 서서 아난다에게 말하였다.

'나는 들었습니다. 오늘밤에 고타마께서 멸도하신다는 말을. 그래서 여기에 왔습니다. 한번 뵈옵고자 합니다. 나는 법에 있어서 의심이 있습니다. 원컨대, 고타마를 뵈옵고 내 의심을 한번 풀고 싶습니다. 어떻

게 뵈올 틈이 있겠습니까?'

　아난다는 대답하였다. '그만 두라, 그만 두라, 수바드라여. 부처님은 병을 앓고 계신다. 번거로우시게 하지 말라.'

　수바드라는 거듭 간청하였다. '나는 들었습니다. 여래가 이 세상에 한번 나타나시는 것은 마치 우담바라꽃이 가끔 한 번씩 피는 것과 같다고 합니다. 그 때문에, 여기 와서 내가 지금 가지고 있는 의심을 풀고자 하는 것입니다. 어떻게 뵈올 틈이 있겠습니까?'

　아난다는 먼저와 같이 대답하였다. '부처님은 병을 앓고 계신다. 번거로우시게 하지 말라.'

　부처님께서는 아난다에게 말씀하셨다. '너는 그를 막지 말라. 들어오게 허락하라. 의심을 풀려 하는 것이니, 조금도 귀찮을 것이 없다. 만일, 내 법을 들으면 그는 반드시 깨달아 알 것이다.'

　아난다는 곧 수바드라에게 '그대가 부처님을 뵈옵고 싶다면 마땅히 지금이 그 때인 줄 알라.'라고 말하였다. 수바드라는 곧 들어가 인사를 마치고 한쪽에 앉아 부처님께 여쭈었다.

　'저는 법에 있어서 의심이 있습니다. 어떻게 이 의심을 풀어주실 틈이 있으시겠습니까?'

　부처님께서는 말씀하셨다. '그대는 마음대로 물어라.'

　수바드라는 곧 여쭈었다. '어떻습니까, 고타마시여! 여러 다른 무리들이 있어 스스로 스승이라 일컫습니다. 불란가섭, 말가리교사리, 아부타시사금파라, 파부가전, 살약비야이불 니건자들입니다. 이 모든 스승

들에게는 각각 다른 법이 있습니다. 고타마께서는 그것을 다 아십니까? 그것을 다 모르십니까?'

부처님께서는 말씀하셨다.

'그만 두라, 그만 두라. 그것을 논한다면 나는 그것을 다 알고 있다. 이제 나는 그대를 위하여 깊고 묘한 법을 설명하리라. 자세히 듣고 자세히 들어 이것을 잘 생각하라.'

수바드라는 가르침을 받았다. 부처님께서는 그에게 말씀하셨다.

'만일, 모든 법 가운데에 팔성도가 없다면 곧 제일의 사문과 제이, 제삼, 제사의 사문과가 없으리라. 수바드라여! 곧 모든 법 중에서 팔성도가 있기 때문에 제일의 사문과, 제이, 제삼, 제사의 사문과가 있다. 수바드라여! 이제 내 법 중에는 팔성도가 있다. 그러므로, 제일의 사문과, 제이, 제삼, 제사의 사문과가 있다. 외도의 무리들은 사문과가 없느니라.'

그 때에 세존께서는 수발을 위하여 게송으로 말씀하셨다.

'나는 나이 스물아홉에 집을 떠나 착한 도를 구했다.

수바드라여, 나는 부처가 된 지 이제 벌써 오십년이다.

계율과 선정과 지혜의 행 홀로 있으며 깊이 생각했나니

이제 법의 중요로움 말했노라. 이 밖에는 사문이 없다.'

부처님께서는 수바드라에게 말씀하셨다.

'만일, 모든 비구가 다 능히 자기를 잘 거두어 잡는다면 곧 이 세간은 아라한이 비지 않을 것이다.'

이 때에 수바드라는 아난다에게 말하였다. '사문 고타마를 따라 이미 범행을 행하였고, 지금도 행하고, 장차도 행하는 모든 사람들은 큰 이익을 얻을 것입니다. 아난다여! 당신은 여래를 모시고 범행을 닦아 또한 큰 이익을 얻었습니다. 나도 한번 여래를 뵈옵고 의심되는 바를 물을 수 있었습니다. 그래서, 또한 큰 이익을 얻었습니다. 지금은 여래께서 곧 제자의 기별로써 내게 수기하여 주셨습니다.'

그는 부처님께 여쭈었다. '저는 이제 집을 나와 여래의 법 가운데에서 비구가 되어 구족계를 받을 수 있겠습니까?'

부처님께서는 수바드라에게 말씀하셨다.

'만일, 다른 종교의 바라문이 내 법 가운데에서 범행을 닦으려 하는 자는 4개월 동안 그 사람의 행과 그 뜻과 성질을 살펴 보아야 한다. 모든 위의를 갖추어 빠지거나 실수가 없는 자라야 내 법에서 구족계를 얻을 수 있을 것이다. 수바드라여! 마땅히 알라. 그러나, 오직 그 사람의 행에 있을 뿐이다.'

수바드라는 다시 여쭈었다. '외도 이학은 부처님 법 가운데에서 4개월 동안 시험 삼아 그 사람의 행과 그 뜻과 성질을 살펴보아서 모든 위의를 갖추어 빠지거나 실수가 없는 자라야 구족계를 받을 수 있다면, 이제 저는 4년 동안 부처님의 바른 법 가운데에서 심부름하여 모든 위의를 갖추어 빠지거나 실수하는 일이 없고서야 이에 구족계를 받고자 하나이다.'

부처님께서는 수바드라에게 말씀하셨다. '나는 앞서 오직 사람의 행

에 있을 뿐이라고 말하였다.'

　이에 수바드라는 곧 그 밤으로 집을 나와 계를 받았다. 그래서, 범행을 깨끗이 닦고 현재에서 스스로 지혜를 체험하여 얻었다. 나고 죽음이 이미 다하고, 해야 할 일을 이미 하여 마치고, 실다운 지혜를 얻어 다시는 뒷세상의 목숨을 받지 않게 되었다. 그래서, 밤이 아직 깊지 않아 아라한이 되었다. 그를 여래의 최후의 제자라 한다. 수바드라는 곧 먼저 멸도하고, 부처님은 뒤가 되셨다.…"

〔장아함 1·4: 4 遊行經 제2 중에서〕

　부처님께서는 입적하시기 직전까지도 한 가지라도 더 가르치시고, 한 사람이라도 더 교화하기 위해서 혼신(渾身)의 힘을 다하신 것이다.

　2) 다비와 사리 분배

　일찍이 예견하신 바와 같이 부처님께서 반열반에 드시고 다비가 끝나자, 부처님과 인연이 있는 주변의 여러 나라에서는 모두 사리의 분배를 요구하기 위해서 모여들었다. 다행히도 극적인 합의가 이루어져 사리를 8등분해서 각각 나누어 사리탑을 세워 받들기로 함으로써 부처님께서 예견하신 대로 원만하게 처리된 셈이다. 당시의 상황에 관해서 장아함의 유행경(遊行經)은

　"때에 차라파 국의 모든 발리 족의 민중과 나마가 국의 구리 민중 그

리고 비류 제국의 바라문들, 가비라국의 석가족의 민중, 비샤리국의 이
차 민중 및 마가다 국의 아사세 왕도 여래께서 쿠시나가르 성의 쌍수
사이에서 멸도하셨다는 말을 듣고 스스로 생각하였다. '이제 우리도 마
땅히 가서 사리의 분배를 요구하자'고. 때에 모든 국왕과 아사세 왕은
곧 나라에 명을 내려 사종의 군사, 곧 상병, 마병, 차병, 보병을 단속하
여 나아가 항하수를 건너 곧 바라문 향성에게 명하였다.

'그대는 우리 이름을 가지고 쿠시나가르 성에 들어가 모든 말라유들
에게 문안하라. 기거는 경리하고 행보가 건강한가? 우리는 여러분들을
늘 존경하고, 이웃에 있으면서 의리를 지키고, 서로 화목하여 아직 다
툰 일이 없다. 우리는 여래가 그대들의 나라에서 멸도하셨다는 말을 들
었다. 오직 위 없는 높은 어른으로 우리가 하늘처럼 받드는 어른이다.
그러므로, 멀리 와서 그 사리의 분배를 요구하는 바, 우리는 본토에 돌
아가 탑을 세워 공양하고자 한다. 만일, 그것을 우리에게 준다면 우리
는 온 나라의 온갖 보배를 그대와 나누리라'고.

향성 바라문은 왕의 명을 받고 곧 그 성으로 가서 모든 말라유들에게
말하였다.

'마가다 국 대왕은 한량없는 성의로 문안한다. 기거가 경리하고, 행
보가 건강한가? 나는 여러분들을 늘 존경하고 있다. 우리는 이웃에 살
면서 의리를 지키고 서로 화목하여 아직 다툰 일이 없다. 우리는 여래
가 그대들 나라 안에서 멸도하셨다는 말을 들었다. 오직 위없는 높은
어른으로 진실로 우리가 받드는 어른이시다. 그러므로 멀리 와서 그 사

리의 분배를 요구하는 바, 우리는 본토에 돌아가 탑을 세워 공양하고자
하는 것이다. 만일 그것을 우리에게 준다면 우리나라의 중한 보배를 그
대와 나누리라.'

모든 말라유들은 향성에게 대답하였다.

'그렇다, 그렇다. 진실로 그대의 말이 옳다. 그러나 세존은 우리나라
에 오셔서 여기에서 멸도하셨다. 우리나라 선비와 백성들이 마땅히 스
스로 공양하여야 할 것이다. 그러므로 그대가 수고롭게 멀리에서 왔지
만, 사리는 분배받지 못할 것이다.'

여러 국왕들은 곧 신하들을 모아 함께 의논하고, 게송으로 말하였다.

'우리들은 화의로써 멀리서 와서 머리 숙여 절하면서

겸손한 말로 분배를 청했는데 만일 주지 않는다면

사병이 여기 있어 몸과 목숨을 아끼지 않으리라.

만일 정의로써 얻지 못하면 마땅히 힘으로써 빼앗을 것이다.'

쿠시나가르 국에서도 곧 모든 신하를 모아 의논하고, 게송으로 말하
였다.

'그대들 수고로이 멀리서 와 욕되게도 머리 숙여 절하지만

여래께서 남기신 이 사리는 줄 수 없노라.

그대들 만일 군사를 낸다면 우리도 여기 군사가 있다.

목숨을 바쳐 항거하리니 두려울 것 없다 하노라.'

향성 바라문은 여러 사람들을 타일렀다.

'여러분! 여러분은 오랫동안 부처님의 가르침을 받았습니다. 입으로

법의 말을 외우고, 마음으로는 자비의 교화에 감복하며, 모든 중생을 항상 안락하게 하려고 생각합니다. 그러므로 이제 부처님의 사리를 다투어 서로 죽이겠습니까! 여래께서 남기신 사리는 널리 이익되게 하고자 함이니, 사리는 되는 대로 마땅히 나누어 가져야 합니다.'

모두들 좋다고 칭찬하였다. 곧 다시 의논하였다. '누가 이것을 잘 가를 수 있겠는가?'

모두 말하였다. '향성 바라문은 인자하고 지혜로워 그에게 시킨다면 평등하게 나눌 것이다.'

여러 국왕은 곧 향성에게 명하였다. '그대는 우리를 위하여 부처님의 사리를 여덟으로 고르게 나누라.'

향성은 여러 왕의 말을 듣고 사리 있는 곳으로 나아가 머리로 절하고 천천히 나아가 부처님의 위 어금니를 집어 따로 한쪽에 두었다. 그리고 사자를 시켜 부처님의 위 어금니를 가지고 아사세 왕에게 가게 하였다.

사자에게 말하였다. '그대는 내 이름으로 여쭈어라. 대왕이시여! 기거가 경리하고 행보는 건강하십니까? 사리가 아직 오지 않아 얼마나 많이 기다리셨습니까? 이제 사자에게 여래의 위 어금니를 부칩니다. 그것을 공양하시어 바라던 마음을 위로하소서. 샛별이 나타날 때에는 사리의 분배를 마치고 마땅히 스스로 받들어 보내겠습니다.고'

그 때에 사자는 향성의 분부를 받고 곧 아사세 왕에게 가서 사뢰었다. '향성 바라문은 수없이 문안을 드립니다. 기거는 경리하고 행보는 건강하십니까? 사리가 아직 오지 않아 얼마나 많이 기다리셨습니까?

이제 사자에게 여래의 위 어금니를 부칩니다. 그것을 공양하시어 바라
던 마음을 위로하소서. 샛별이 나타날 때에는 사리의 분배를 마치고 마
땅히 스스로 받들어 보내겠습니다.'

그 때에 향성은 한 병에 사리를 한 섬쯤 받고 곧 고르게 팔분으로 갈
랐다. 그리고, 여러 사람들에게 말하였다. '원컨대, 여러분들이 의논하
여 이 병을 제게 주면 집에서 탑을 세워 공양하오리다.'

여러 사람들은 말하였다. '참으로 지혜롭구나. 그 때를 아는구나.' 곧
모두 주는 것을 승낙하였다. 필발촌에 어떤 사람이 있어 여러 사람에게
말하였다. '땅에 있는 잿더미를 얻어 탑을 세워 공양하리라.' 모두들
그것을 주자고 말하였다.

쿠시나가르 성 사람들은 분배된 사리를 얻어 곧 그 땅에 탑을 세워
공양하였다. 파바 국 사람, 차라 국, 라마가 국, 비이제 국, 가비라 국,
비사리 국, 마가다 국의 아사세 왕들도 모두 사리의 분배를 받아 각각
그 나라로 돌아가 탑을 세워 공양하였다. 향성 바라문도 사리병을 가지
고 돌아가 탑묘를 세웠다. 필발촌 사람은 잿더미를 가지고 돌아가 탑묘
를 세웠다. 그래서 여래의 사리로 팔탑을 세우고, 제구의 병탑, 제십의
잿탑, 제십일의 생시의 털탑을 세웠다.…"

〔장아함 1·4 : 4 遊行經 제2 중에서〕

라고 전하고 있다. 그러니까, 앞서 바이샬리에서 본 사리탑은 바로
이처럼 8등분한 사리 가운데 한 부분을 모신 스투파인 것이다.

189

3) 그 곳의 유적들

쿠시나가르는 부처님께서 입적하신 곳이기 때문에, 그 곳 자체가 중요한 의미를 갖지만, 유적들이 많이 남아 있다. 대표적인 것으로 열반당, 최후의 설법장소에 세워진 마타카울 사원(Matha-kaul Temple), 다비 장소에 있는 람바르 스투파 및 아난다 개천 등이 있다.

쿠시나가르에 가면 누구나가 제일 먼저 찾는 곳이 열반당이다. 열반당은 흰 색 건물로 앞뒤 두 채가 지어져 있는데, 앞의 것은 부처님의 열반상을 모신 곳이고, 뒤의 것은 스투파이다.

열반당에 모신 열반상은 길이가 6.2m에 달하는데, 5세기 경 굽타 왕조 때에 만들어진 것이다. 평온하게 잠드신 모습의 부처님 와상이 와대(臥臺) 위에 분홍색 요를 깔고 황금색 천으로 몸을 덮고 있다. 열반당인 탓도 있지만, 그 곳에 들어온 사람들은 모두 조용하고 경건한 모습으로 혹은 와상을 향해서 경배를 올리고, 혹은 한쪽에 앉아 명상에 잠기거나 조용히 경을 외우고 있는 모습들이어서 그 무거운 분위기를 형언하기 어렵다.

부처님께서는 육신의 보잘 것 없음을 강조하셨지만, 막상 누워 계시는 열반상을 눈앞에 대하니 비통한 마음을 금할 길 없고, 눈시울이 뜨거워 옴을 어찌하랴! 열반당에서 멀지 않은 곳에 커다란 사라수가 서너 그루 서 있는 것이 눈에 띄었는데, 당시의 사라쌍수(沙羅雙樹)의 후예가 아닌가 싶다.

안개가 자욱한 아침의 열반당

열반당 안에 모신 열반상

　　열반당과 가까운 거리에 부처님께서 마지막 설법을 하신 곳에 세워진 조그마한 마타카울 사원이 있다. 입적하시기 직전에 거기에서 수바드라 장로를 상대로 설법하시고 제도하시어 마지막 제자가 되게 하신 것이다. 그 사원 뒤에도 잘 자란 사라수가 대여섯 그루 서 있었다.

　　거기에서 멀지 않은 곳에 히란나바티 강(Hirannavati R.)의 지류에 해당하는 조그마한 개천이 흐르는데, 그 곳을 아난다 개천이라 부른다고 한다. 부처님께서 입적하시기 직전에 아난다에게 마실 물을 청하시자 아난다는 개천 물이 정결하지 않아 드실 수 없다고 말씀드렸고, 부처님께서 재삼 물을 청하시면서 그 개천 물은 마셔도 괜찮으니 걱정할 것 없다고 하시자, 아난다가 부득이 물을 뜨러 개천 가로 내려가니 갑자기 개천 물이 맑아졌다는 것이다. 그 개천 물이 부처님께서 마지막으로 드신 물이 된 셈이다.

　　그 곳에서 약 1.5km를 가면 부처님의 다비 장소에 세워진 람바르 탑(Rambhar Stupa)이 있다. 그 곳은 원래 말라족의 왕들의 즉위식을 거행하던 장소인데, 바로 그 곳에서 부처님의 다비가 행해진 것이다. 이 스투파는 처음에 그 곳 주민인 말라(Malla) 족 사람들에 의해서 세워졌지만, 아쇼카 대왕 때가 되어 보다 넓고 크게 보수했다고 한다. 람바르 탑은 멀리서 보면 조그마한 동산을 연상시키는 벽돌 더미이다.

　　그러나, 경내는 깨끗하게 잘 정리되어 있고, 주변을 비로 쓸고

마지막 설법터에 있는 마타카올 사원

다니는 사람들이 눈에 띄었다. 우리는 그 탑 주변을 합장하고 세 바퀴 돌고 예를 올린 다음 그 곳을 떠났다.

이제 성스러운 이곳을 뒤로 하고 떠날 때가 되었다. 뉴델리까지는 럭나우(Lucknow)까지 자동차로 가서 그 곳에서 비행기 편을 이용하기로 했다. 럭나우까지 걸리는 시간을 5시간 정도로 보고 아침 7시 30분에 출발했다.

럭나우까지의 길은 인도의 길치고는 비교적 좋은 편이어서 아침 길을 6, 70km 정도의 속력으로 달릴 수 있었다. 얼마를 왔을까,

아난다 개천

알 수 없는 곳을 지나는데, 바로 길 옆 나무 밑에 꼬리가 길고 푸른 색 털이 윤이 나는 공작 비슷한 새 한 마리가 스쳤다.

나는 미심쩍어 인도인 안내자에게 이곳에 혹시 천연 공작이 있는지를 물었더니 많이 있다고 하면서, 공작은 인도의 국조(國鳥)라고 했다. 그러니, 앞서 내가 본 것이 공작이 틀림없다. 조금 가자니 옆에 앉은 내자(內子)가 저쪽에 공작 두 마리가 놀고 있다며 기뻐했다. 그럭저럭 여러 마리의 천연 공작을 볼 수 있었다.

어디 그뿐인가? 길 옆 웅덩이 같은 곳에 우리나라의 철원지방

다비 장소에 세워진 람바르 스투파(사람들이 비로 주변을 쓸고 있다)

에서 볼 수 있는 두루미와 커다란 몸집의 재두루미가 뒤섞여 놀고 있는 것이 눈에 띄었다. 재두루미의 몸집은 우리가 흔히 아는 학의 두세 배 커서 과연 학 중의 학이었다. 돌아오는 길은 이처럼 새들이 마음을 즐겁게 해 주었다.

196

인도의 불교

1. 인도의 불교 실상

인도는 의심할 여지없이 불교의 발상지이다. 그럼에도 불구하고, 오늘날 인도의 불교인구는 전체인구의 약 5% 정도에 머물고, 주류를 이루는 힌두교도가 인구의 약 85%에 달한다고 하니, 인도야말로 힌두교 국가라고 할 수 있다.

부처님 당시의 불교활동은 주로 인도 동북부에서 이루어졌던 것은 이미 살펴본 바와 같지만, 기원전 3세기에 마우리야(Maurya) 왕조의 3대왕인 아쇼카 대왕의 재위 당시에 불교가 인도 전역에로 확산되고, 아쇼카 대왕의 독실한 불심 덕분에 불교는 사실상 국교적인 입장에 있었다. 그러던 불교가 인도에서 오늘날 보는 바와 같이 쇠퇴하게 된 데에는 그런 대로의 이유를 찾을 수 있다.

첫째로 생각할 수 있는 것이 힌두교의 토착성이다. 기원전 1세기 이전부터의 베다성전에 의한 바라문의 사상과 신앙의 전통을 이어 약 10세기 전후에 다신교(多神敎)로서 재구성된 힌두교는 인도사회에서 종교라기보다는 오히려 일반 서민의 생활 속에 깊이 뿌리박은 생활습속(生活習俗)이라고 해도 지나치지 않을 정도로 토착화한 상태이다. 그뿐만 아니라, 일반 서민들로서는 여러 가지 어려운 철학적인 교리와 금계(禁戒)를 갖는 불교보다는 비교적 낙천적이고 느슨한 교리의 힌두교가 보다 친근하고 받아들이기 편한 것이었을 것임은 쉽게 이해할 수 있는 부분이다.

둘째로 들 수 있는 것은 이슬람교의 침입에 따른 철저한 파괴활동이다. 7세기에 들어 아랍인들이 인도를 정복하고 이슬람교를 들여오면서 먼저 공격과 파괴의 대상으로 삼은 것이 불교이다. 왜냐하면, 신을 내세우지 않고 사회적 계층을 부정하며 통치와 종교를 분리해서 생각하는 불교가 알라(Allah) 신을 섬기는 그들로서는 인도를 통치하는 데 보다 큰 장애가 되는 것으로 인정했기 때문이다. 나란다 대학을 비롯하여 중요한 사원과 불교유적지를 나타내는 아쇼카 석주가 파괴된 것은 대부분 이슬람에 의한 것임을 볼 때, 짐작할 수 있는 일이다.

셋째로 생각할 수 있는 것은 불교 내부적인 요인이라고 하겠다. 불교는 부처님 재세 당시의 초기불교에서 부처님께서 입적하신 지 약 150년 전후부터의 부파불교의 발생, 그리고 기원전 1세기경부터의 대승불교의 대두와 발전이라는 과정을 거치면서 오늘에 이른 것은 잘 알려진 사실이다. 그런데, 불교가 변천 발전하는 과정에서 학문적인 연구가 깊어지고 복잡화함으로써 대중성과 실천성보다도 교리와 계율이 강조되고 종파가 갈림으로써 일반 민중에게는 어려운 종교로 격상(?)되고 만 것이다. 특히, 길고도 어려운 대승경전은 느슨한 생활에 익숙한 인도의 서민들에게는 큰 부담이 된 것을 부인할 수 없을 것이다. 일반 민중들은 그들의 생활 속에 깊이 뿌리를 내려 큰 부담이 없는 힌두교가 훨씬 편했을 것이다.

끝으로 생각할 수 있는 것은 불교의 사성평등사상과 미신 배척은 인도의 지배계층에게는 큰 부담이 되는 것이었음은 물론이다. 뿌리 깊은 사회적 신분계층을 나타내는 카스트 제도는 지배계층에게는 더할 수 없이 편리한 제도이다. 그뿐만 아니라, 불을 섬긴다거나 강가 강 등의 성수를 받드는 등의 미신은 일반 민중을 몽매와 안이한 생활에 묶어두기에 적절한 장치이다. 그런데, 이러한 카스트 제도와 미신을 배척하는 불교는 지배계층에게는 장애로 받아들여지지 않을 수 없었던 것이다.

아무튼, 이런 저런 이유로 오늘날 인도에서 불교는 소수종교의 하나가 되었다.

그럼에도 불구하고, 인도에서 불교는 여전히 살아 숨쉬는 중요한 종교의 하나로 여겨지고 있는 것도 부인할 수 없다. 수년 전에 인도에 갔을 때, 그 곳에서 제법 영향력이 있는 친구인 변호사에게 인도에서의 불교의 위치에 대해서 물어본 일이 있다. 그는 자진해서 자기는 힌두교인이라고 밝히면서 하는 말이, 인도에는 힌두교인이 인구의 약 85%를 차지하고 불교도는 약 5%이며, 이슬람과 기독교도를 합쳐서 약 10%를 이루고 있으나, 이것은 통계 숫자에 지나지 않고 생활의 실제를 본다면 불교는 대부분의 힌두교인들의 생활 속에 깃들어 있다고 했다.

그래서인지 힌두교가 다신교인 탓인지(그렇다고 알라신이나 예수상을 모시지는 않는다)는 정확히 알 수 없지만, 힌두 사원에 가보면 거의 어김없이 힌두신의 상과 함께 불상을 모시고 있음을 볼 수 있었다. 그의 설명에 의하면, 불교는 형식적으로는 쇠퇴한 듯하지만, 실은 일반 민중의 생활의 저변에서 살아 숨쉬고, 인도 사회에 많은 영향을 미치고 있다는 것이다. 그는 위와 같이 자신 있게 말하면서, 인도의 힌두교는 불교적 요소를 다분히 가미한 종교라고 강조했다.

2. 인도불교의 중흥 기운

여기에서 빼놓을 수 없는 일은 근년에 들어 인도에서 불교도의 수가 급증하고 있다는 사실이다. 그 원인으로 들 수 있는 것의 하나는 티베트 망명정부를 이끌고 있는 달라이 라마의 영향이고, 다른 하나는 암베드카르(Bhimrao Ramji Ambedkar) 박사의 차별반대운동이다.

달라이 라마는 티베트 불교의 수장이면서 국가 원수의 위치에 있는 분을 뜻하는 칭호인데, 오늘날 티베트 망명정부를 이끌고 있는

14대 달라이라마다. 중국이 무력으로 티베트를 침공해서 병합하자,
1959년에 그 험준한 히말라야를 넘어 인도로 망명한 후, 인도정부
가 제공한 다람살라(Dharamsala)에서 티베트 난민들과 함께 정착해
있음은 널리 알려진 일이다. 달라이 라마는 인도로 망명한 후에, 세
계 각지를 돌면서 각국 지도자들과 교분을 가지고 티베트 독립(근래
에는 완전한 자치)을 위한 무저항운동과 티베트 불교를 전파하는 일에
열중하고 있다.

1989년에 노벨 평화상을 수상하기도 한 달라이 라마가 저술한
불교관계 책은 50종을 넘는다. 이러한 달라이 라마의 활동으로 인
해서 티베트, 아니 티베트 불교는 세계에 널리 알려져 큰 관심의 대
상이 되었고, 특히 식자층에서 티베트 불교에 관심을 갖는 사람의
수가 늘어났다. 인도라고 해서 예외는 아니다. 인도에서도 달라이
라마를 통한 불교선양운동이 활발하게 전개되고 있는 것이다.

암베드카르 박사(Dr. Ambedkar)는 인도 중부의 마디아프라데시
주에서 불가촉천민(不可觸賤民)인 하리잔의 신분으로 태어났다. 그러
나 두뇌가 명석하고 근면했던 그는 봄베이 대학을 거쳐 미국의 콜럼
비아 대학에서 수학하고 런던 대학에서 경제학과 법학을 공부했다.
암베드카르 박사는 인도에서의 뿌리 깊은 신분계층인 카스트제도,
특히 불가촉천민의 문제를 해결하기 위해 노력함으로써 간디와 많
은 의견 충돌을 보이기도 했다. 그는 불가촉천민으로는 처음으로
1946년의 제헌의원으로 당선되어 네루 내각에서 법무장관이 되었

고, 헌법기초위원회의 위원장을 맡기도 했다.

그는 1951년 제도권에서는 천민문제를 해결하기 어려움을 실감하고 법무장관직을 사임하고 오로지 생래적(生來的)인 사회적 신분의 차이를 철폐하기 위해서 노력하였는데, 그 운동의 이념적 기초를 부처님의 사성평등(四姓平等) 사상에서 구하고, 그 스스로 힌두교에서 불교로 개종했다. 그의 개종으로 수많은 힌두교인이 불교로 개종하게 되었고, 지금도 매년 그의 기일(忌日)을 기념하는 날을 계기로 많은 사람이 불교로 개종하고 있는 실정이다. 암베드카르 박사가 평소에 즐겨 인용하던 부처님의 가르침은

"… 이제 나의 위없는 바르고 참된 도 가운데에는 종성을 필요로 하지 않고, '우리'나 '나'라는 교만한 마음을 믿지 않는다. 세속의 법에서는 그것을 필요로 하지만, 우리 법은 그렇지 않다. 만일, 사문이나 바라문으로서 자기의 종성을 믿고 교만한 마음을 품는다면 우리 법 가운데에서는 끝내 위없는 도를 이루지 못할 것이다. 만일, 능히 종성의 관념을 버리고 교만한 마음을 없애면 곧 우리 법 가운데에서 도를 이루어 바른 법을 받을 수 있을 것이다. 사람들은 하류를 미워하지만, 우리 법은 그렇지 않다. …"

〔장아함 2-6:7 小緣經 중에서〕

라는 사성평등의 사상을 나타내는 경이다.

　　부처님의 가르침은 '너'와 '나'를 같이 보되 그 사이에 우열(優
劣)을 두지 말며, 상호간의 의존성을 바탕으로 상생(相生)의 관계를
존중할 것을 강조한다. 그렇기 때문에 불교는 그 긴 역사를 갖고 있
음에도 힘에 의해 다른 종교와 대결한다거나, 무리하게 다른 교도의
개종을 요구하는 일이 단 한 차례도 없었음은 뜻깊은 일이라고 아니
할 수 없다.

세계적인 불교유적

여기에 부처님의 발자취 자체는 아니지만 UNESCO에 의해서 세계문화유산으로 지정된 불교유적 가운데 초기불교 당시부터 조성된 대표적인 유적을 간단히 소개하면서, 근년에 그 모습을 드러낸 보로부두르 사원을 더하여 부록으로 싣기로 했다.[22]

1. 아잔타 석굴

언젠가 인연이 닿으면 인도의 아잔타 석굴을 구경하려고 벼른 것이 꽤 오래 전부터의 일이다. 아잔타 석굴이란 인도의 서부 고원지대의 아잔타의 산정에 있는 거대한 한 장의 바위를 찍어내서 석굴을 만들면서 그 속에 벽과 기둥 및 불상들을 조각하여 사원을 조성

22) 캄보디아의 '앙코르 왓트'는 그 주된 부분이 순수한 의미의 불교사원이라고는 말하기 어렵기 때문에 여기에서는 제외했다.

하고 천정이나 벽에는 벽화를 그리거나 부조상(浮彫像)을 만들어 놓은 석굴사원으로, 중국이 자랑하는 돈황석굴의 모체가 된 곳이다. 이 아잔타 석굴은 기원전 2세기부터 기원 4세기경까지의 긴 세월을 두고 조성된 곳으로, 사람의 힘을 의심하기에 족하게 하는 곳이다.

아잔타에 가려면 먼저 뭄바이(Mumbay)에서 아우랑가바드까지 비행기로 가서, 거기에서는 자동차편으로 약 2시간 반 정도를 더 가야 한다. 아우랑가바드에서 아잔타까지의 거리는 100km 가량이지만, 열악한 인도의 도로사정 때문에 그 정도의 시간이 걸리는 것은 그래도 다행한 일에 속한다. 약간 낡은 일제 차에 그 곳에서 대학강사를 한다는 현지인 안내인을 태우고 아잔타로 향했다. 출발하여 약 1시간 달리자니, 인도의 중서부에 펼쳐진 데칸 고원(Deccan plateau)이 나타나고, 그 곳 특유의 바위 층과 시루떡을 연상시키는 단층들이 눈에 들어왔다. 고원지대를 한참 달려 마치 우리나라의 옛 산중 길을 연상시키는 꾸불꾸불한 좁은 도로를 내려가자니, 저 아래로 녹색의 평원이 펼쳐지고 제법 잘 지어진 집들이 눈에 띄었다. 안내인에게 물으니, 아잔타에 거의 다 왔는데, 저 밑의 집들은 아잔타를 구경 온 사람들을 위한 숙박시설이라고 한다.

아잔타 석굴의 주차장에 이르자, 안내인은 우리에게 여기에서 파는 물건들은 모두 가짜들이니 아무리 유혹하더라도 사지 말라는 말을 거듭하였다. 우리에게는 고마운 조언이 아닐 수 없었다. 주차장에서 아잔타 석굴까지는 그 곳에서 운영하는 공적인 버스 외에는 일체 운행이 허용되지 않기 때문에, 우리로서는 싫든 좋든 그 버스에 올라타지 않을 수 없었다. 버스요금은 외국인은 일인당 200루피이고 내국인은 그 절반인 100루피인데, 인도의 버스치고는 제법 괜찮은 편이었다. 그뿐만 아니라, 그 곳은 관광객 유치를 위해서인지 환경정리가 잘 되어 있었고, 여러 가지 꽃들이 잘 가꾸어져 있어 보기에 좋았다.

버스에서 내려 무척 가파른 길을 따라 한참을 올라가니 앞이 확트인 계곡이 나타나고, 말발굽처럼 처진 병풍 모양의 절벽이 보였다. 그 곳이 내가 머리를 두르고 온 아잔타 석굴이었다. 우선 멀리에서 조망해 보니, 그 지형의 자연적인 생김새 자체가 퍽 신묘해 보였다. 저 아래에 제법 넓게 흐르는 강을 내려다보며 말발굽 모양으로 둘러처진 거대한 암벽(岩壁)을 파내서 만든 크고 작은 석실(石室)이 29개나 된다는 것이다. 우선, 멀리에서 그 전경을 보아도 경이롭기 짝이 없어 보였다.

우리는 안내자의 설명을 들으며 첫 번째 석실부터 차례로 들어가 보기로 했다. 하나하나의 석실은 그 넓이나 높이에 약간의 차이는 있지만, 대체적으로 예상했던 것보다는 훨씬 규모가 크고 정교하였다. 무늬까지 곁들여 정교하게 깎아놓은 기둥이라든가, 내실에 봉안된 커다란 불상이며, 벽에 아름답게 조각된 불화와 아직도 선명한 색채가 그대로 살아있는 천장의 그림은 보는 이의 입을 다물지 못하게 하기에 충분하였다.

기원전 2세기부터 기원 4세기까지의 약 600년이라는 긴 세월에 걸쳐 낭떠러지의 바위를 한 치 한 치 파들어 간 사람들의 숨결이 그대로 느껴지는 듯하여 다만 경외로울 뿐이었다. 안내인의 설명에 의하면 당시 이 일을 주도해서 하던 분들은 자기의 생애 동안에 그 작업을 마치지 못할 것을 충분히 짐작하고 "이 생애에 이 일을 마치지 못하면 기필코 내생에도 이곳에 다시 태어나 이 일을 계속하도록 하여 주십시오."라는 원(願)을 세우고 그 일에 정진하였다고 한다. 오로지 구도자(求道者)의 마음으로 불사에 임했음을 알 수 있다.

아잔타 석굴을 전체적으로 말한다면 그 조각이 시작되던 당시, 즉 기원전 약 2세기의 초기불교 양상의 석실로부터 후기불교의 틀이 거의 짜인 기원 3, 4세기의 사원(寺院)의 모습에 이르기까지의 발전과정을 한눈에 볼 수 있게 한다. 그것은 그렇다 치고, 깎아지른 듯한 암벽(岩壁)을 파들어가 조각해 놓은 그 정교한 석실이라든가 천정 그림의 구도나 색채는 그저 놀랍다는 말 이외에는 달리 표현할 말을 찾을 수가 없다.

오늘날 보는 바와 같은 바위를 뚫고 깎는 기계가 있던 것도 아닌 상태에서 오로지 '이룩하겠다'는 집념 하나로 정과 망치에 의존하여 묵묵히 바위를 찍고, 파고 다듬어 들어간 선인들의 정신과 노력에 경의를 표하지 않을 수 없었다. 이처럼 엄청난 사람의 힘은 과연 어디에서 솟아나는 것일까? 오직 마음 하나에 달린 것 같다. 그래서, 일체유심조(一切唯心造)라 했던가!

아잔타 석굴 전경

2. 담불라 석실사원

스리랑카는 불교가 인도의 영역 밖에로 처음 전파된 곳이고, 또 불교의 원형이 가장 잘 보존되어 있는 나라로 널리 알려진 곳이다. 나는 오래 전부터 그러한 스리랑카를 방문해 보고 싶은 생각을 가져 왔는데, 그 뜻이 이루어졌다. 내가 가장 마음에 둔 곳은 담불라

아잔타 석굴 안의 천장 벽화

(Dambulla) 석실사원(石室寺院)이다.

담불라 사원은 콜롬보에서 자동차로 약 4시간쯤 걸리는 스리랑카의 중부에 있는 산의 정상부근에 있는 거대한 바위로 된 석실을 이용해서 만든 사원으로, 모두 9개의 석실로 되어 있다. 인도의 아잔타(Ajanta) 석굴이 자연적인 암벽을 뚫고 바위를 찍어내서 만든 석굴사원(石窟寺院)인 것과는 달리, 담불라 석실사원(石室寺院)은 거대한 한 장의 바위가 지붕이 되어 이루어진 석실을 다듬고 이용해서 그 안에 사원을 조성하고 밖에 벽을 만든 사원이다. 그러므로

담불라 석실사원

그 규모나 조성에 든 공력은 아잔타 석굴에 미칠 수 없는 것이지만, 기원전 2, 3세기경에 그만한 석실사원이 조성됐다는 것은 경이로울 뿐이다.

담불라 석실사원은 고대에는 잠부콜라 사원(Jambukola vihara)으로 알려졌던 곳인데, 그 곳에서 중심이 되고 가장 규모가 큰 곳은 마하라자 사원(Maharaja vihara)으로서 커다란 와불을 비롯하여 스투파와 여러 불상이 모셔져 있고 천장에는 현란하다고 할 정도로 아름답게 채색된 벽화가 눈을 끈다. 각 석실에는 사리탑이 모셔져 있는

석실사원 안의 불상들

석실사원 안의 스투파

곳이나 불상 또는 보살상을 모신 곳도 있지만, 일반적으로 비슷한 모습의 많은 부처님 상이 모셔져 있는데, 스리랑카의 역대 왕이 각각 불상을 조성해서 모시다 보니 그처럼 많아졌다는 것이다. 또, 어떤 곳에는 스리랑카의 왕의 입상(立像)이 있거나 왕의 업적이 벽화형식으로 그려져 있는 곳조차 있다.

담불라 석실사원은 스리랑카 사람들에게는 가장 중요한 순례처로 꼽히는 곳이지만, 인도나 태국을 비롯한 동남아 등에서 온 참배객과 외국의 관광객으로 퍽 붐비는 모습이었다.

3. 보로부두르 사원

보로부두르(Borobudur) 사원은 세계의 7대 불가사의 가운데 하나로, 단일 불교사원으로는 세계에서 가장 큰 것으로 알려진 곳이다. 8, 9세기에 중부 자바 섬을 지배하고 있던 샤이렌드라(Cailendra)왕조의 사마라퉁가(Samaratungga) 왕에 의하여 서기 750년경에 시작되어 842년경까지의 약 90여 년에 걸친 공사의 산물로 세상에 그 모습을 나타낸 보로부두르 사원은 캄보디아의 앙코르 왓트보다 약 300년 앞서고, 유럽의 대성당이 출현한 것보다 약 400년 앞선 것이다.

나는 언젠가 기회가 된다면 꼭 한번 찾아가 보려는 생각을 가지고 있던 차에, 마침 환태평양변호사협회(IPBA)의 총회가 인도네시아에서 열리게 된 것을 계기로 그 뜻이 실현된 것이다. 내가 보로부

보로부두르 사원 전경

두르사원에 대해서 깊은 관심을 가지게 된 데에는 두 가지 이유가 있었다. 첫째는 약 1,200년 전의 것으로 그 규모가 단일 사원으로는 세계에서 가장 큰 것이라는 점이고, 둘째는 스리랑카나 미얀마, 태국보다도 남방인 인도네시아의 중부 자바 섬에 있는 이 사원이 대표적인 대승경전의 하나로 꼽히는 화엄경 중 십지품(十地品)의 내용을 형상화한 것이라는 점이다.

보로부두르 사원은 중부 자바 섬의 요기야카르타('족자카르타'라고도 부른다)에서 자동차로 약 한 시간 거리에 위치하고 있는데, 약 27킬로미터밖에 떨어지지 않은 위치에 아직도 활화산인 메라피 산이 증기를 뿜어내며 우뚝 서있다. 요기야카르타는 자바 섬의 한 중간에 위치하여 역사적으로 자바 섬의 지배세력의 거점이 되어 왔던 곳으로, 보로부두르가 그 곳에서 가까운 곳에 축조된 것도 우연한 일이 아니라 하겠다.

보로부두루 사원은 서기 840년경까지에 축조되었지만, 건립된 지 얼마 지나지 않아 인근에 있는 메라피 화산의 대폭발로 인한 화산재에 묻히고, 그 인근에 살던 사람들도 모두 화산폭발로 인하여 죽었거나 다른 곳으로 멀리 이주함으로써 보로부두르 사원의 존재는 약 천 년에 걸쳐 잊혀져 왔던 것이다. 그러던 중, 1814년에 영국인 토마스 래플스 경에 의하여 사원의 일부가 발견되어 발굴작업이 시작되었지만, 1905년부터 1910년 사이에 비로소 당시 네더랜드 정부에 의하여 군 기술자인 반 에르프의 지휘로 본격적인 복원공사

보로부두르 사원의 윗 부분

가 이루어졌고, 뒤이어 1913년부터 1983년에 걸친 대대적인 제2차 복원공사의 결과 보로부두르 사원은 다시 우리 앞에 그 웅장하고 신비로운 자태를 나타내게 된 것이다.

이 사원은 위에서 내려다 보면 소우주(micro cosmos)를 상징하는 형상으로 된 것으로, 부처님께서 장아함(長阿含) 중 세기경(世紀經)에서 설하신 것처럼 중앙 정상에 수미산을 상징하는 큰 수투파(탑, stupa)가 있고 그 아래에 염부주를 비롯한 네 개의 세계를 상징하여 길이 120m의 네모꼴이 각각 동서남북을 면한 것으로 되어있다.

위로 보면, 네모꼴의 7개 층이 아래에 위치하고 그 위에 원형의 3개 층이 있어 모두 10개 층으로 구성되었는데, 이는 십지(十地)를 나타낸 것으로, 아래 7개 층의 회랑에는 부처님에 관한 각종 설화가 정교하게 부조(浮彫)되어 있고, 위의 원형 3개 층에는 중앙 정상의 큰 스투파를 중심으로 그보다 작은 많은 스투파가 있는 데, 각 스투파 속에는 불상이 모셔져 있다.

정상 중앙의 가장 큰 스투파를 비롯한 스투파는 꼭대기에 네모판이 있고 그 위에 팔각의 첨탑이 솟아 있는데, 네모는 사성제(四聖諦)를, 첨탑의 팔각은 팔정도(八正道)를 상징하는 것이라 한다.

전체적으로 볼 때, 이 사원은 우주, 사성제, 팔정도 및 십지의 관념을 형상화한 것이라고 할 수 있는데, 504좌의 불상이 각각 알맞은 위치에 배치되어 있어 그 웅장함은 참으로 보는 이를 압도하고도 남음이 있다.

한 가지 부연할 것은 어떻게 남방인 인도네시아 자바 섬에 대승 경전인 화엄경의 십지를 표방한 사원이 설 수 있었는가에 관해서이다. 남인도에서 매우 가까운 거리에 있는 스리랑카를 비롯하여 아시아 대륙의 남단에 해당하는 미얀마, 태국, 캄보디아 등에는 주로 수도승을 통해서 비교적 일찍이 불교가 전파되어 초기불교가 보편화된 것과는 달리, 수마트라나 자바 섬은 4, 5세기경부터 인도 및 중국과의 해상교역이 활발하게 이루어짐으로써 주로 상인들을 통해서 당시의 불교가 유입된 탓으로, 인도네시아의 수마트라나 자바 섬에는 후기불교가 전파된 것이다.

특히, 샤이렌드라 왕조 때에는 후기불교가 성했고, 보로부두르 사원 건립이라는 거대한 불사를 일으킨 사마라퉁가 왕은 그 스스로가 열렬한 후기불교신자였다고 한다. 그러니, 남방 소승, 북방 대승이라는 2분법적 논리는 문제가 있는 셈이다.

아무튼, 웅장하고 신비로운 보로부두르 사원은 천년의 긴 동면에서 깨어나 다시 그 찬란한 빛을 발하면서 우리에게 부처님의 장엄한 가르침을 전하고 있다.

학이 홰를 치고 공작이 뛰어놀며 그 광활한 들판이 온통 노란 유채꽃으로 덮인 그 곳은 구태여 부처님의 발자취가 아니더라도 진실 그대로의 모습, 곧 여여(如如)하다고밖에 달리 표현할 길이 없다. 무릇 있을 것이 먼저 있고, 그것을 나타내려는 말과 글이라는 것이 뒤따른 것이니, 필요한 것을 말이나 글로 다 표현할 수 없다는 것은 오히려 당연한 일이다. 그래서 불립문자(不立文字)요, 직지인심(直指人心)이라 했던가! 부처님의 발자취를 더듬은 감회 또한 마찬가지다. 그저 느낄 수 있을 뿐, 말이나 문자로 이루 다 표현할 길이 없음이 아쉬울 뿐이다.

"만약 물질로 나를 보거나 음성으로 나를 구하면 이 사람은 사도를 행함이니 능히 여래를 보지 못하리라(若以色見我 以音聲求我 是人行邪道 不能見如來)"라는 금강경의 구절을 모르는 바 아니지만, 부처님의 발자취를 더듬다 보니, 범부의 소견으로는 부처님께서 불쑥 나타나시거나 어디에선가 부처님의 자비로운 목소리가 들려올 것만 같은 느낌이 드는 것을 어찌할 수 없다. 어디라고 꼭 짚어 말할 수는 없지만, 부처님의 발자취가 많이 닿았을 곳을 찾아보고 기뻐하며 당시를 회상하면서 부처님의 가르침을 되새기는 것은 분명히 마음속 깊이 간직된 부처를 느끼기에 족한 일이다.

　유적을 돌아본다는 것은 매우 뜻있는 일인 것 같다. 다행히 우리는 시공(時空)을 뛰어넘은 '마음'을 가지고 있는 덕으로, 유적을 통해서 먼 옛적에 그 곳에서 있었을 일들을 생각하고 선인들의 모습을 연상하며 부처님의 가르침을 그 때로 돌아가 되씹어 보는 한편, 무상(無常)과 무아(無我)를 눈으로 느낄 수 있는 계기가 되기 때문이다. 다 허물어간 유적은 분명 우리에게 살아 숨쉬는 스승인 것 같다.

나모 석가무니불

경전과 함께 보는 붓다의
발자취

2006년 4월 20일 초판 발행
2006년 4월 25일 초판 인쇄

지은이 | 학산(鶴山) 이상규(李尙圭)
편집인 | 박상근(至弘)
발행인 | 박인출(慧潭至常)
펴낸곳 | 불광출판사

138·844 서울시 송파구 석촌동 160-1
전화 (02) 420-3200(마케팅), (02) 420-3300(편집부)
팩스밀리 (02) 420-3400
http://www.bulkwang.or.kr

등록번호 제1-183(1979. 10. 10)
ISBN 89-7479-535-3

◉ 잘못된 책은 바꾸어 드립니다.
값 12,000원

◉저자와의 협의하에 인지는 생략합니다.